Wolfgang Leyk

Navigationen

Wolfgang Leyk

Navigationen

Predigten und Reiseberichte aus dem Netzwerk des Lebens

Fromm Verlag

Impressum/Imprint (nur für Deutschland/ only for Germany)
Bibliografische Information der Deutschen Nationalbibliothek: Die Deutsche Nationalbibliothek verzeichnet diese Publikation in der Deutschen Nationalbibliografie; detaillierte bibliografische Daten sind im Internet über http://dnb.d-nb.de abrufbar.

Coverbild: www.ingimage.com

Contact:
International Book Market Service Ltd., 17 Rue Meldrum, Beau Bassin, 1713-01 Mauritius
Website: www.bookmarketservice.com
Email: info@bookmarketservice.com

Gedruckt in: USA, UK, Deutschland. Dieses Buch wurde nicht in Mauritius produziert.

Imprint (only for USA, GB)
Bibliographic information published by the Deutsche Nationalbibliothek: The Deutsche Nationalbibliothek lists this publication in the Deutsche Nationalbibliografie; detailed bibliographic data are available in the Internet at http://dnb.d-nb.de.

Cover image: www.ingimage.com

Contact:
International Book Market Service Ltd., 17 Rue Meldrum, Beau Bassin, 1713-01 Mauritius
Website: www.bookmarketservice.com
Email: info@bookmarketservice.com

Printed in: U.S.A., U.K., Germany. This book was not produced in Mauritius.

ISBN: 978-3-8416-0203-9

INHALTSVERZEICHNIS

Vorwort

Der Härtefall

Die Predigt ist ein Härtefall religiöser Rede, denn sie trifft stets auf hohe Erwartungen: „Der christliche Glaube ist ein Geschenk der Begegnung, in dem Menschen frei werden…“[1]. Predigthörer erwarten sich in der Predigt solche befreienden Begegnungen. Sie sind ihnen meist wichtiger als die Erklärung biblischer Texte oder die Darstellung kirchlicher Positionen. Die Hörer hoffen auf eine Überschreitung der Grenzen zwischen Sonntag und Alltag, eine Vermittlung zwischen Wissen und Glauben, eine Dynamisierung ihrer Weltsicht. Solche Erwartungen folgen dem so genannten „modernen Leben“, welches selbst als ständige Überschreitung und Entgrenzung wahrgenommen wird. Sie sind Tribut an die Erfahrung, dass ethische Begriffe nicht mehr deutlich abgegrenzt werden und Entscheidungskontexte als überkomplex erfahren werden[2]. Nicht mehr das Entweder-Oder im skeptischen Gegenüber zur Welt, sondern Hilfestellungen beim Sowohl-als-auch werden benötigt. Der Wunsch nach Gestaltbarkeit scheinbar konturloser Existenz durch das „Eine wie das Andere“ signalisiert aber nicht etwa Indifferenz, sondern vielmehr den Bedarf an Modellen und Vorschlägen, wie die Verbindlichkeit des Glaubens mit den vielen Möglichkeiten seines Lebenskontextes zusammengeführt werden kann. Wenn Predigt an dieser Hörersituation anknüpfen möchte, dann können weder Liturgie noch Predigt als Inszenierung eines überzeitlichen metaphysischen Geheimnisses, auch nicht als kirchliche Dienstanweisung, ja nicht einmal mehr als Plattform zur Profilierung einer christlichen Lebenskunst oder Kultur verstanden werden. Viel öfter geht die Predigt mit großem Respekt vor den Hörerinnen lediglich jene 1000 Schritte, die wir nach Jesu Meinung noch zusätzlich mit denen gehen sollten, die uns durch ihren Gottesdienstbesuch um Interesse und Begleitung Ihrer Lebenssituation gefragt haben. In glücklichen Momenten ist die Predigt Ihnen einen (nur einen!) Schritt voraus.

Der Plan: Ein Experiment

Dies ist der innere Plan, dem die Predigten dieses Buches folgen. Seine Vorentscheidungen möchte ich in einer kurzen Einleitung darstellen. Sie ist trotz einiger Literaturhinweise in den

---

[1] BARTH Karl, Dogmatik im Grundriss, Zürich 1947, s.16

[2] SELLMAIER Stephan, Entscheidungskonflikte der reflexiven Moderne: Uneindeutigkeit und Ahnungslosigkeit, s.149-164 in BECK Ulrich / LAU Christoph, Entgrenzung und Entscheidung, Frankfurt 2004

Fußnoten keine wissenschaftliche Erörterung, sondern lediglich ein Versuch der Kontextualisierung homiletischer Entscheidungen. Das Privileg einer solchen Einleitung und Predigtsammlung ist, dass sie nicht in alle Richtungen belegen kann und muss, sondern etwas ausprobieren darf und sich mit der Form eines Berichtes aus dem Labor zufrieden geben darf. Wo Predigtpraxis mit aktuellen Diskursen verknüpft werden kann, beleben neue Einsichten und Fragen die Predigtarbeit. Experimente treten an die Stelle der Pläne. Deswegen ist diese Predigtsammlung bewusst ein Experiment. Sie tut sich leicht damit, denn für mich sind Predigten kein Abschluss, sondern immer nur ein Anfang. „Was tust Du, wenn alle Fragen der Welt beantwortet sind?" „Dann werde ich versuchen, neue Fragen zu stellen[3]."

Predigt ist dann die Anregung zu guten Fragen. Sie ist die Transformation hoffnungsloser Fragen in Fragen, die beantwortet werden können. Ein solcher Ansatz ist der Theologie mit ihrer Jahrhunderte langen Suche nach Antworten auf die letzten Dinge nicht in die Wiege gelegt. Ich folge hier aber bewusst dem Vorschlag Wolfgang Schoberths[4], die theologische Anthropologie nicht etwa als endgültige Beschreibung, sondern als Beginn kritischer Analysen und Befragungen zu verstehen. Im Gefolge von CA 5[5] verstehe ich die Predigt vom gnädigen Gott als jenen Sauerteig, der die Welt durchsetzt (Lk 13,21, 1.Kor 5,6 f.), weil er in alle Richtungen aufgeht, d.h. immer wieder zur kritischen Überprüfung eigenen Wissens und eigener Praxis auffordert.

Drei Predigtsammlungen gruppieren sich hier um zentrale Thesen vor allem aus der Arbeit von Bruno Latour und Ulrich Beck. Es ist spannend zu sehen, ob und wie sich diese Anregungen für die Predigtarbeit umsetzen lassen. Der Versuch, diese soziologisch und wissenstheoretisch beeinflusste Ansätzen mit einer Philosophie des Predigens zusammenzuführen, ist eine Herausforderung. Aber vielleicht gelingt es, die alte Kunst des Schreibens einer Predigt „wirklich-modern"[6] zu öffnen. Dabei ist vorausgesetzt, dass die Moderne viel weniger säkular signiert ist, als oft angenommen wird und deshalb für die Predigtarbeit nicht nur als Differenz zur Verfügung steht.

---

[3] Mir mündlich überlieferter Spruch aus der Weisheit der Sufis

[4] SCHOBERTH Wolfgang, Einführung in die Theologische Anthropologie, Darmstadt 2006, s.26

[5] VOM PREDIGTAMT „Um diesen Glauben zu erlangen, hat Gott das Predigtamt eingesetzt, das Evangelium und die Sakramente gegeben, durch die er als durch Mittel den Heiligen Geist gibt, der den Glauben, wo und wann er will, in denen, die das Evangelium hören, wirkt, das da lehrt, dass wir durch Christi Verdienst, nicht durch unser Verdienst, einen gnädigen Gott haben, wenn wir das glauben. Und es werden die verdammt, die lehren, dass wir den Heiligen Geist ohne das leibhafte Wort des Evangeliums durch eigene Vorbereitung, Gedanken und Werke erlangen."

[6] Der zurückhaltende Gebrauch des Wortes „modern", sein Erscheinen in Anführungszeichen knüpft an die kritische Überprüfung der 1.Moderne durch LATOUR, Beck und viele andere an.

Die einzelnen Predigtkreise gruppieren sich um folgende Schwerpunkte und Themen:

1) Glauben im Flächenland: Flache Predigtwelten / religiöse Sprache / nichtreligiöse Interpretation religiöser Begriffe / religiöse Sprache zwischen Wissen und Glauben, Verstand und Emotion / Netzwerke / Transformationen
2) Unmoderne Moderne: Zwischen Entscheidung und Ahnungslosigkeit / reflexive Moderne / Entscheidungslogiken im Sowohl-als-auch /
3) Navigationen: Schwerpunkt Lebensrhythmus / christliches Leben / Abbildung oder Reiseplan: Mimetische und navigationale Kartographie des Lebens /

1. Glauben im Flächenland

Flache Predigtwelten / religiöse Sprache / nichtreligiöse Interpretation religiöser Begriffe / religiöse Sprache zwischen Wissen und Glauben, Verstand und Emotion / Netzwerke / Transformationen

1.1. Erkundigungen: Predigerinnen sind wie alle Menschen „mitten im Leben" unterwegs. Sie tragen dasselbe Risiko auf Scheitern oder Gelingen wie alle anderen Menschen auch. Auch sie haben keine andere Wahl, als immer wieder die beispielhafte Erkundigung und Erprobung des Lebens. Sie verfügen dafür, wenn sie ehrlich sind, über keine Rahmentheorie für „gelingendes Leben". Deshalb haben sie auch nicht das Recht, die Welt von einer externen oder überweltlichen Beobachterposition infrage zu stellen. Insofern ist die Predigtwelt flach geworden. Entrückte Heiligtümer über den Wolken interessieren weniger als die Wege zueinander und miteinander, die das Netzwerk[7] unseres Lebens bilden.

> *Wenn mir zur Predigt nichts und rein gar nichts einfällt, dann gehe ich gerne in die Mitte unserer Stadt. Ich stelle mich in die Fußgängerzone und schaue mir die Menschen an. Ich überlege, warum sie heute hier sind, in welchen Geschäften sie waren, ob sie genug Geld oder Sorgen haben. Ich frage mich, was ihnen dieser Gang in die Fußgängerzone bedeutet. Ist er Stress oder eine willkommene Abwechslung, ein Stück Freizeit oder ein unbewusster*

[7] Der Netzwerkbegriff bezeichnet im Folgenden ein Geflecht von Wegen und Möglichkeiten und geht über das relational aufgeladene relationale Verständnis von „networking" hinaus.

Zwang. Ich frage mich auch, was Ihnen ein Gottesdienstbesuch bedeuten könnte, was sie vielleicht hören wollten von einer Kanzel. Das Predigtwort für den Sonntag habe ich ja sowieso im Kopf. Manchen Passanten gehe ich im Geiste nach und versuche mir vorzustellen, wie sie zuhause leben. Es ist mir noch nie geschehen, dass ich ohne Ideen und gute Gedanken nachhause ging. Ich finde manchmal in den Spuren der Fußgänger mehr Anregungen als anderswo. In die benachbarte Bibliothek der Universität gehe ich aber auch, vor allem wenn ich ein schwieriges theologisches Thema ordnen will.

Diese Art homiletischer Erkundigung folgt der Praxis Jesu. Er ist unterwegs „diesseits und jenseits des Jordan“[8]. Seine Beobachtungen und Reiseerlebnisse übersetzt er in Gleichnisse und verknüpft so den Alltag mit seiner Botschaft. Insofern ist die ganze Geschichte Jesu eine Weggeschichte. Die Gesamtstory Jesu führt sogar durch verschiedene Ontologien: Vom Himmel zur Erde, durch den Tod ins Leben, Schritt für Schritt. Jesus hat seinen Weg nicht in einer großen These oder Heilstheorie zusammengefasst. Er war gekommen, um Wirkungen zu erzielen: Schöpferischen Schreit, Unruhe, Nachdenken über die Tora, wahrhafte Rede oder Erfüllung des Gesetzes und vor allem auch Umkehr und Hinwendung zu Gott[9]. Schritte und Begegnungen sind wichtig für Jesu Weg, der selbst eine „Erkundung geschöpflichen Lebens“[10] war.

1.2. Flache Predigtwelten: Wo die Predigtarbeit der Verkündigung Jesu folgt, kann sie theoretischen Überbau verabschieden. Die Welt wird flach. Auf das Phänomen der „Welt als Flächenland“ [11] und ihrer flachen Wege wurde ich aufmerksam durch die Aufforderung Bruno Latours, das Soziale (und auch das Religiöse) im Interesse der „flach zu halten“[12]. Latour

---

[8] Siehe z.B. die Ortsangaben bei Mt 4,15, 4,25 und 19,1. Sie sind nicht nur Geographie, sondern enthalten eine Topologie des Heils, welches über Israels alte Grenzen hinausgeht.

[9] Mt 5,17 / Mt 9,13 / Mt 10, 34.35 Joh 1,31 / Joh 6,38 / Joh 9,39 / Joh 10,10 / Joh 18,37 (Auswahl an Bibelstellen)

[10] Diese Begrifflichkeit verdanke ich der Ethik von ULRICH Hans G.,Wie Geschöpfe leben - Konturen evangelischer Ethik, Münster 2005

[11] LATOUR Bruno, Eine neue Soziologie für eine neue Gesellschaft, Frankfurt 2007, s.296 erwähnt das Buch „Flächenland“ von Edwin ABOTT. Dessen Lektüre kann geradezu als Einübung in den Gedanken einer flachen Predigtwelt verstanden werden. Abott beschreibt eine Gesellschaft, die lediglich zweidimensional ist und deshalb die Möglichkeit einer Beschreibung von oben und unten, hoch und niedrig nicht kennt. Hier finden sich viele Anregungen für eine Predigt, die bewusst im Geschöpflichen bleibt und damit auch eine realistische Anthropologie verfolgt. Es ist ein liebenswertes und etwas verrücktes Buch, das Denkwelten auf den Kopf stellt.

[12] LATOUR, Neue Soziologie, s.286 ff.,

empfiehlt den Verzicht auf systemische Deutungen und theoretischen Überbau, d.h. auf jene Interpretationen, die unsere Wahrnehmungen im Vorfeld beeinflussen, lenken und so vorschnell komplexe Wirklichkeiten reduzieren. Ich beobachte, dass Predigten mit großem theologischen Überbau oft weniger Weite haben als diejenigen, die das bewusst vermeiden und sich stattdessen dem „geschöpflichen“ Leben zuwenden. Wir setzen uns dann ehrlich und engagiert mit dem auseinander, was wir sind. Wir halten dann die Predigtwelt flach und nutzen die Fluchtmöglichkeiten theoretischer Entwürfe nicht.

Die Vorstellung einer „Flächenwelt“ oder eines „Flächenlandes des Glaubens“ fordert keinen Verzicht auf Theologie: Gott hat in Christus den Himmel aufgegeben und ist Mensch geworden. Alleine deshalb schon kann die Welt für uns „flach“ werden ohne, dass wir etwas verlieren und wahrscheinlich gibt es noch viel mehr theologische Möglichkeiten, diese flache Welt zu öffnen. Ich jedoch sehe keine zwingende Notwendigkeit, diesen Raum der Geschöpflichkeit zu verlassen, weil Gott ja hier in Christus anzutreffen ist. Alles was wichtig für uns ist, ist schon erzählt, nämlich wie uns Gott hier mit seinem Wort begegnet, wie es an uns wirksam wird, wie wir antworten oder auch handeln können[13]. Wir leben „post factum“, das „festum“ haben wir weder hier noch dort in der Hand. Die Beschränkung auf das Geschöpfliche entlastet und profiliert meines Erachtens noch deutlicher das Wirken Gottes in der Welt. Diese Spur beginnt schon im Alten Testament. Die Begegnung mit Gott erfolgt nicht durch einen Eingriff „von oben“, sondern Gott findet uns an unserem Ort. Vor dem Dornbusch, im Grab Jesu oder auf dem Weg nach Emmaus oder nach Damaskus. Von Anfang an handelt Gott in dieser und in keiner anderen Welt. Er setzt hier eigene Spuren und stellt eine Rauchsäule zwischen das Volk Gottes und seine Feinde, so wie er später ein Kreuz auf den Berg Golgatha setzt.

Diese Zeichensetzung Gottes (später wird von navigationalen Wegweisern, „signposts“ die Rede sein) widerspricht nicht der Vorstellung einer Flächenwelt. Man kann diese „Einfälle Gottes“ auch als Querungen des Erwarteten verstehen, deren Sinn übrigens nicht die Enthüllung von Geheimwissen ist. Zusätzlich zu allem, was wir vom Menschen wissen, enthüllt sich im Gegenüber zu Gott, im Bruch des Üblichen ein nicht geahnter Reichtum der Welt, eine ins Staunen und manchmal Ratlosigkeit versetzende Komplexität des Lebens. Diese Entdeckung gilt auch dem Menschen und seiner Doppelnatur als Ebenbild Gottes und als Sünder[14]. Die Bibel und Martin Luther erweisen sich hier als frühe Diagnostiker des modernen reflexiven

---

[13] ULRICH, Geschöpfe, s.19

[14] Ich beziehe mich im Folgenden auf SCHOBERTH, Anthropologie, insbes. S.115-149

„Sowohl-als-auch“[15]: „Ein Christenmensch ist ein freier Herr über alle Dinge und niemand untertan. Ein Christenmensch ist ein dienstbarer Knecht aller Dinge und jedermann untertan.“ (aus: Freiheit eines Christenmenschen). Wo diese Doppelnatur nicht ontologisch, sondern funktional verstanden wird, bleibt das Menschenbild realistisch (flach...) und die Predigt muss nicht ständig versuchen, „das Eigentliche“ und „wirklich Wichtige“ zu erschließen[16].

Sie darf beim Menschenmöglichen bleiben. Hier haben auch Zweifel, Überforderungen und Untätigkeit ihren Platz. Die mit den Hörern solidarische Predigt kann das Ungelöste aushalten können und muss es nicht vorschnell auflösen. Sie markiert so auch einen **„Sabbat der Reflexivität“** und vermeidet es, in die Falle neuzeitlicher Autonomiekonzepte zu laufen. Christen müssen weder ständig beten, noch über die Welt nachdenken, noch Lösungen auf dritten Wegen finden.

Im Interesse einer entlastenden Predigt halte ich also den „Ball gerne flach“. Ich gestalte Predigt deshalb auch nicht (mehr) „als Ereignis“, „als offenes Kunstwerk“, als Therapie, als Spielraum, als Performance (auch wenn solche Gestaltungen immer wieder ihren Ort und ihre Zeit haben können). Mäßigung in der Ästhetisierung von Predigten fördert die Bemühung um eine „Menschwerdung“[17], die auf die Referenz vom „eigentlichen und gelingenden Leben“ nicht mehr angewiesen ist.

1.3. Predigtberichte: Im Flächenland des Glaubens versprechen Predigten keine metaphysischen Gipfelstürme und keine Strukturierung der Welt nach den Regeln einer „Grammatik des Glaubens“[18]. Sie gleichen Reiseberichten aus dem Netzwerk des Lebens und gehen besonders jenen biblischen Zeugnissen nach, die das Leben mit Gott als Weg

---

[15] Tatsächlich gehe ich davon aus, dass sich die Herausforderungen in der Welt Jesu nicht so sehr von denen der „Moderne“ unterschieden. Das römische Reich hatte die Welt globalisiert, Kulturen und Religionen zusammengeführt. Die Menschen sahen sich mit einer Fülle von Entscheidungsmöglichkeiten konfrontiert.

[16] SCHOBERTH, Anthropologie, spricht vom Jerusalemer Menschenbild in dem Schwäche und Bedürftigkeit ihren Platz haben, s.145 ff.

[17] ULRICH, s.325 bezeichnet den Gottesdienst als Ort für den status creationis, als Bildungsstätte für Christen, weil sie hier vom Wort Gottes als Menschen angesprochen werden.

[18] Ich meine hier eine Glaubensgrammatik wie sie in den LINEAMENTA, dem Vorbereitungsdokument der Ordentlichen Vollversammlung der Bischofssynode im Jahr 2012 dargestellt wird. Das Thema der Synode heißt „Nova evangelisatio ad christianam fidem tradendam - Die neue Evangelisierung für die Weitergabe des christlichen Glaubens". Zitat: "Das Risiko, auch die elementaren Grundlagen der Grammatik des Glaubens zu verlieren, ist real, mit der Gefahr, in eine geistliche Atropie und eine Leere des Herzens zu geraten, oder stattdessen in Ersatzformen religiöser Zugehörigkeit oder einen vagen Spiritualismus",

beschreiben: Erzählungen vom Wüstenweg Israels, von Jesu Wanderungen durch Galiläa, aber auch die christologischen „Reiseberichte“ in den Christushymnen, die Apostelreisen und andere mehr. Die theologische Leistung der Predigten besteht dann in der Reflexion und Weiterverarbeitung dieser Story-Vorlagen[19]. Als Prediger beobachten wir, dass das Motiv der Pilgerschaft und Erkundigung des Lebens die biblische Botschaft geradezu signiert. Es spricht über Jahrtausende hinweg auch die Mobilitätsempfindungen „moderner Menschen“[20] an. Dieses „Mobilitätskonzept des Glaubens“ folgert nicht zwangsläufig Unverbindlichkeit. Immer wieder gibt es Knotenpunkte und Verdichtungen, in denen sich Leben ereignet[21]. Es ist gut, wenn die Predigt an solchen Orten stehen bleibt und von dort aus nach vorne sieht. Vor jeder Analyse und Auswertung steht hier die Beschreibung. Als guter Bericht nimmt sie stark verlangsamt und aufmerksam zur Kenntnis, was gerade geschieht[22] und erzählt mit Geduld zur Beobachtung lebensnah Beziehungen, Wirkungen und Ereignisse. So erfüllt sie die Kriterien eines „guten Berichts“[23]. Sie verarbeitet biblische Berichte von Wegen, Schicksalen und Beziehungen. Sie ist dabei genaue und wertschätzende Beobachtung im Licht des Gotteswortes. Sie knüpft durch die verlangsamte Beobachtung an kontemplative Traditionen des Glaubens an. Die sprachliche Gestaltung dieser Predigtberichte meidet innerchristliche und kirchliche Gruppensprache, sowie Formelhaftigkeit, sondern erzählt. Zwang zu künstlicher Dramaturgie besteht nicht. Metaphysische Überhöhung soll in genauso vermieden werden, wie platte moralische Appelle.

---

[19] Hier knüpfe ich bewusst an die Story-konzeption Dietrich RITSCHLS, bzw. an die Versuche einer narrativen Theologie an, die sich nicht als Nacherzählung, sondern kritisch-reflexive Arbeit mit den Stories versteht.

[20] Und wird in allen Disziplinen der Theologie gerne zitiert, z.B. NICOL Martin, Weg im Geheimnis, Göttingen 2009 Gesamtkonzept, ULRICH, Geschöpfe verwendet das Motiv der Pilgerschaft ebenfalls, s.45ff.

Die Wegmetapher erscheint – und das macht sie erst weiter spannend - auch in kritischer Reflexion als Rede vom „Irrweg“ DERRIDA Jacques / VATTIMO Gianni, Die Religion, Frankfurt 2001, hier DERRIDA Jacques, Die Spur der Spur, s.107-124 oder VITIELLO Vincenzo, Wüste Ethos Verlassenheit, Beitrag zu einer Topologie der Religiösen, s.172-207

[21] Ich greife hier die Bildersprache von SLOTERDIJK Peter, „Sphärentrilogie“ auf. Die Idee ist es, in einer global, offenen Welt die ihre Außenräume verloren hat, weil sie ja alles umfasst, noch Räume für sich beschreiben zu können. Sloterdijk hat diesen Versuch in seiner Sphärentrilogie (Band I-III, 1998-2004) unternommen. LATOUR beruft sich ausdrücklich auf Sloterdijks Sphären und sieht in ihnen eine sinnvolle Ergänzung seines Versuches der Raumbeschreibung durch Netzwerke. LATOUR Bruno: Spheres and Networks: Two ways to reinterpret globalization, Harvard Design Magazine, 2009

[22] LATOUR ANT, 37, 62

[23] In LATOURs Soziologie der neuen Gesellschaft (der Netzwerktheorie) ist ein guter Bericht die Erzählung von Beziehungen und Dynamiken, die sich von vorhandenen Deutemustern freigemacht hat und situationsspezifisch ist. s.46f., s.92-107, s.210-249. Ich beziehe Latours Berichtskonzeption bewusst auf die Predigtarbeit.

1.4. **Theologie in der Flächenwelt:** Die kritische Haltung gegenüber metaphysischen Überdeutungen ist in der Theologie nicht neu, stellt doch schon Calvins „finitum non capax infiniti“ eine Aufforderung zu „sachlichen Berichten“ dar. Das Geschöpfliche sollte demnach beim Geschöpflichen bleiben. Theologische Beiträge zu einer derart „flachen“ Predigtwelt müssten aber wahrgenommen und noch bewusster verknüpft werden. Man erinnere sich an Dietrich Bonhoeffers nicht-religiöse Interpretation religiöser Begriffe[24], an die Kritik metaphysisch ausgerichteter Religiosität bei Karl Barth oder auf ganz anderer Ebene an die Entmythologisierungsarbeit Rudolf Bultmanns, die auch Bruno Latour beeinflusst hat[25]. Kritische Reflexion religiöser Sprache ist jedoch keine Defensivstrategie angesichts der Säkularisation, sondern sie reagiert auf Verständnisschwierigkeiten und den Bedeutungsverlust einstiger Selbstverständlichkeiten kirchlicher Rede wie z.B.: Gott als Herr der Heerscharen, Sühneopfer Jesu, leibliche Auferstehung etc. In der Praxis sind es gerade engagierte Gottesdienstbesucher, die eine neue Sprache und den Abschied von alten Formeln verlangen[26]. Ihre Kritik zielt nicht auf Verweltlichung oder Relativierung religiöser Rede und ihre Anfragen sind kein Zeichen erodierender Kirchlichkeit. Sie signalisieren aber Schwierigkeiten, „die Fakten des Glaubens“[27], „religiöse „Empfindungen“ und „Lebenserfahrungen“ einander zuzuordnen. Immer weniger unterscheiden Menschen subjektiven und objektiven Glauben. Immer öfter wählen Sie chaotisch erscheinende Zwischenkonstrukte[28], die aber dem Reflexions- und Gestaltungsbedarf des konturlosen modernen Lebens entgegenzukommen scheinen. Gespräche zu diesen Themen stellen sich dann oft dar als Versuche zur Neuordnung der eigenen Religiosität und als Versuch ihrer Einordnung in die „moderne Welt“. Der Glaube verleiht zwar kein stabiles Weltverständnis mehr, aber er ist auch kein Opfer der Säkularisation geworden.

---

[24] BONHOEFFER Dietrich, Widerstand und Ergebung – Briefe und Aufzeichnungen aus der Haft, München 1952, besonders die Briefe vom 30.4.1944, 5.5.1944 und 8.8.1944

[25] LATOUR Bruno, Selbstporträt als Philosoph, 2008 Rede anlässlich der Entgegennahme des Siegfried Unseld Preises unter http://www.bruno-LATOUR.fr/articles/index.html

[26] Der Begriff der Formel birgt durchaus die Vorstellung einer überzeitlichen Stabilität von Glaubensaussagen, siehe: Lehrmäßiger Kommentar Kongregation für die Glaubenslehre unseres Heiligen Vaters Johannes Paul II. zur Schlussformel der Professio fidei vom 29. Juni 1998, L'Osservatore Romano 30. Juni/1998

Zur Thematik neuer liturgischer Sprache vergleiche die gerade unter engagierten Gemeindegliedern gut bekannten Bücher von JOERNS Klaus Peter, Abschied vom Sühneopfermahl: eine neue Liturgie, Gütersloh 2007 oder Joerns Klaus-Peter, Notwendige Abschiede: Auf dem Weg zu einem glaubwürdigen Christentum, Gütersloh 2004

[27] Zur gesamten Thematik LATOUR Bruno, Jubilieren

[28] Eine solche Zwischenlösung wählt auch die christliche Besucherin unserer Innenstadtkirche, deren Gebet aus dem Gesang indianischer Meditationsgesänge besteht. Zum problematischen Verhältnis faktischen und gelebten Glaubens“wissens“ LATOUR, Jubilieren, z.B. s.8

Das innere Engagement vieler Christen für diese Fragen und der stabile Gottesdienstbesuch bestätigen inzwischen die schon 30 Jahre alte Diagnose Ebelings:„Trotz der genannten Faktoren hat die Prognose, dass wir einer völlig religionslosen Zeit entgegengehen, wenig Wahrscheinlichkeit. Symptome gegenteiliger Art sind zahlreich. Das ändert aber nichts daran, dass sich das Phänomen der Religion in einer tiefen Umbruchsituation befindet, die zur Besinnung auf ihre Grundmomente nötigt."[29] Hier können Predigten wichtige Unterstützungsarbeit leisten. Eine ganze Reihe von Predigten dieses Buches widmet sich der Erzählung von zentralen Glaubensthemen. Gerne höre ich hier die Aufforderung zum Aufbruch und zur Reise durch das Land wie z.B. Gen 13,17: *Darum mach dich auf und durchzieh das Land in die Länge und Breite, denn dir will ich's geben.* Oder Lukas 2,15 *Lasst uns nun gehen nach Bethlehem und die Geschichte sehen, die da geschehen ist, die uns der Herr kundgetan hat.* Auch der Umbruch ist Thema der Predigten.

Wir vermeiden also die Besteigung eins Berges theologischer Verklärung und damit die Versuchung, dort Hütten zu bauen. (Mt 17,4) Solche metaphysische Fiktion wäre auf Golgatha schon zerfallen und könnten wohl nur in der Begegnung mit dem Auferstandenen wieder aufgebaut werden (Joh 2,19). Dass diese Wahrheit nicht mehr als feste Institution für Referenzen zur Verfügung steht hat z.B. schon Emil Brunner dargestellt[30]. Seine Begegnungskonzeption bietet einen Ansatz für dynamische Begründungen und Argumentationen wie sie in narrativen und kommunikativen Konzepten (oder auch Netzwerktheorien) verwendet werden. Die Wahrheit liegt demnach auf dem Weg vom Berg der Verklärung herab in die Welt, wo wir Gott und seinem Wort begegnen.

1.5. Sprachlehre: Zwischen Unverständnis und Faszination pendelt das Verhältnis moderner Menschen zur religiösen Sprache. Diese Ambivalenz bearbeitet Bruno Latour in seiner aktuellen Veröffentlichung „Jubilieren"[31]. Er wehrt sich gegen eine Glaubenssprache der Fakten, die im

---

[29] Gerhard Ebeling: Dogmatik des christlichen Glaubens, Bd. I , ²1982, S. 116 f. – In der Praxis erleben wir entgegen den kirchensoziologischen Voraussagen der 80ger Jahre trotz der Veränderung von Lebensmilieus eine erstaunliche Stabilität der Volkskirche, z.B. in der Nachfrage für Kasualien, Kircheneintritte u.s.w. hierzu: HAESE Bernd-Michael, Kasualien – Lust und Last im pastoralen Dasein http://www.uni-kiel.de/fak/theol/pt/haese/texte/lustundlast.pdf

[30] BRUNNER Emil, Wahrheit als Begegnung, 1938, siehe auch in den abschließenden Sätzen zur „objektivierten Kirche"

[31] LATOUR Bruno, Jubilieren – über religiöse Rede, Berlin 2011. Das Buch wurde 2002 geschrieben, erschien aber erst jetzt in Deutschland. Ergänzend könnte hier die doxologische Theologie Dietrich RITSCHLS gelesen werden: Zur Logik der Theologie, München 1988

Laufe der Zeit zum inhaltslosen Artefakt geworden sei[32]. Seine Kritik gilt der Vorstellung, religiöse Rede könne stabile Wahrheiten enthalten. Den „flachen" Netzwerktheoretiker Latour beschäftigt stattdessen die Dynamik religiöser Rede, in der Dinge verwandelt (transformiert) werden. Das Gespräch liebender Menschen ist für ihn gutes Beispiel, denn es hat Abschied von „objektiven" Sachverhalten genommen und ist voller dynamischer und transformierender Redeweisen[33]. Latour setzt auf die Vitalität religiöser Rede: „Es gibt keine toten Zweige in der religiösen Aussage, denn alle ist hier Verzweigung, Experiment, Versuch, Wurzeln zu schlagen und Würzelchen. Entweder versteht man, was sie wachsen lässt und alles muss bewahrt werden; oder man versteht es nicht, und alles muss verbrannt werden.[34]" Die „Liebessprache der Predigt" ereignet sich also zwischen zwei Extremen: Ihrer Machtlosigkeit etwas zu erzwingen und ihrer Fähigkeit alles zu bewirken. Ihrer Fähigkeit etwas in Gang zu setzen oder es zu zerstören. Ich halte das für eine angemessene Beschreibung.

Wieder drängt uns ein Sowohl-als-auch zu Realismus und Bescheidenheit und wirkt sich auch auf die formale Gestaltung der Predigt aus. Gute Architekten und Konstrukteure setzen nicht Pläne in die Welt, sondern begeben sich in das Material hinein[35] und folgen ihm. Für die Predigt heißt das, dass der Entwurf homiletischer Kunstprodukte nicht mehr notwendig ist. Der Zwang zur Ästhetisierung vergeht, sobald man sich dem Material ausliefert. Dies ist meine persönliche Bilanz, nachdem ich durchaus anständige Versuche psychoanalytischer, narrativer und kunstsprachlicher Theologie bis hin zur Dialektpredigt unternommen habe. Solche steilen konstruktivistischen Leistungen sind nur noch in Einzelfällen angebracht, dann aber auch erwünscht. Viel öfter aber sind wir als Prediger auf Wegen unterwegs, auf denen uns die biblischen Erzähler schon vorausgegangen sind und uns genug Spuren gelegt haben.

1.6. Wohin geht die Reise? Ich schließe mit einer gedämpften, aber hoffnungsfrohen Einschätzung des Predigens. Obwohl es seit der Reformation ein klares Prüfkriterium für die evangelische Predigt gibt, wird es immer dann verfehlt, wenn es als selbstlaufende und ex opere operato wirksame Referenzmöglichkeit auf besondere und unverfügbare Wahrheiten verstanden

[32] LATOUR, Jubilieren, s.16-19
[33] LATOUR, Jubilieren, s.188 f., Bei Liebeserklärungen ist es nicht wichtig, was wir uns sagen, sondern wie wir es uns sagen.
[34] LATOUR, Jubilieren, s.92
[35] LATOUR Bruno, True promises of constructivism. S.1-18 über Homepage Bruno LATOUR

wird[36]. Die Qualität religiöser Rede zeigt sich nicht mehr daran, dass sie mit Wahrheitsansprüchen aufgeladen ist oder eine besondere Sprachform beansprucht, sondern daran, dass sie Dinge in Bewegung bringt oder Ansichten verändert.[37] In der flach gewordenen Predigtwelt ist das der Mensch, der von Gottes Wort angehalten oder zum Aufbruch gebracht wird.

2. Unmoderne Moderne

Unmoderne Moderne zwischen Entscheidung und Ahnungslosigkeit / reflexive Moderne / Entscheidungslogiken im Sowohl-als-auch /

2.1. Abschied von der ersten Moderne: Ein Missverständnis zur Hörersituation des so genannten „modernen" Menschen ist noch weit verbreitet. Er nicht (mehr) in einer Art „modern", wie wir es lange Zeit vorausgesetzt haben. Er ist möglicherweise weniger autonom, plural, liberal und rational, weniger religionslos als wir gedacht haben. Ulrich Beck hat den Unterscheid zwischen einer „veralteten (ersten) Moderne" und einer „zweiten Moderne" deutlich herausgearbeitet[38]. In der Zweiten Modernen ist die Ära „klassischer" Modernitätsvorstellungen wie Autonomie, Souveränität, Rationalisierung beendet. Durch die Erste Moderne ist eine so komplizierte und globale Welt entstanden, dass sie nicht mehr im subjekt-souveränen Modus bewältigt werden kann.[39] Der Menschen ist also kontinuierlich zur Bearbeitung schwierigster „Gemengelagen" gezwungen. Seine Welt ist grenzenlos und so konturlos, dass alles ineinander dringt und verwischt. Sie verlangt ihm eine neue Entscheidungskultur ab, die erst erarbeitet werden will und die sicher quer zum Bisherigen verläuft[40]. Zwischen erfolgreicher Entscheidungsfähigkeit und ohnmächtiger Entscheidungslosigkeit laufen die Bruchlinien der Hörersituation. Unter dem Druck solcher

[36] In meiner Predigtausbildung forderten Theologen, spätestens im berühmten letzten Teil der immer dreiteiligen Predigt noch die „christologische Kurve zu kratzen", damit eine evangelische Predigt als solche erkennbar sei.

[37] LATOUR, Jubilieren, s.80 f.

[38] BECK Ulrich/ GIDDENS Anthony/ LASH Scott, Reflexive Modernisierung – eine Kontroverse Frankfurt 1996, s.7 ff,

[39] BECK/ GIDDENS/ LASH Reflexive Modernisierung, besonders der 2.Teil „Kontroversen" zu Fragen von Wissen und Unsicherheit

[40] BECK Ulrich / LAU Christoph (Hg.), Entgrenzung und Entscheidung, Frankfurt 2004, in der Einleitung: BECK Ulrich/ BON? Wolfgang/ LAU Christoph: Entgrenzung erzwingt Entscheidung, s.13-64, bes. s.15 f., SELLMAIER Stephan, Entscheidungskonflikte der reflexiven Moderne: Uneindeutigkeit und Ahnungslosigkeit, s.149

Erfahrungen stehen die Denk- und Wissensvoraussetzungen der Ersten Moderne vermehrt in Frage. Die Beschäftigung mit dem „modernen Menschen“ ist also nicht nur ein Thema der Soziologie, sondern sie berührt auch grundsätzliche Fragen von Wissen und Wissenschaft und deutet auf grundlegende Veränderungen hin[41]. Solche Wechseldynamiken signalisieren u.a. die Notwendigkeit des Abschiedes von festen, normativ wirkenden „Menschenbildern“[42]. Dies gilt besonders dort, wo diese auf die cartesianischen Scheidung[43] der Welt in erkennende Subjekte und erkannte Objekte aufbauen. Eine solche Dichotomie entlarvt sich als unmoderne Praxis, denn sie übergeht leibliche Welterfahrungen, aber auch den Kontext in den Menschen eingebunden sind. Das moralische Universum ist nicht nur Heimat des Menschen. Es ist bevölkert von Gemeinschaften, Versammlungen, Hybriden, Mischwesen aus Dingen, damit verbundenen Emotionen, Kulturen u.s.w.[44] Eine genauere Darstellung dieses Ansatzes übersteigt den Charakter dieser Einleitung. Grundsätzlich aber gilt: „Nix ist fix!“, d.h. ontologisch festgestellt. Funktionale Dynamiken, d.h. Bewegung herrschen vor.[45] In aller Einfachheit lässt sich eine Art Vorsichtsregel für die Predigt und die homiletische Erkundigung formulieren:

Die Dinge sind selten so, wie wir sie zu sehen meinen.

Diese Vorsichtsregel mäßigt Hypothesenbildung in der homiletischen Erkundung. Die Predigtarbeit schränkt sie deshalb noch lange nicht ein, sondern stellt sie vor neue, kreativ zu füllende Aufgaben. Denn diese Vorsichtsregel öffnet die Frage nach einem Gottesbezug, der nicht mehr als fördernde oder hindernde metaphysische Instanz wie in der Gestaltung der ersten Moderne verstanden werden muss[46]. Gott wäre dann wieder frei und nicht mehr durch Zuschreibungen und theologische Erkenntnisleistungen gebunden.

2.2. Rückkehr zu Traditionen: An einer weiteren Stelle verspricht der Abschied von der ersten Moderne neue Arbeitsmöglichkeiten. Zur Moderne gehörten auch der Bruch mit der Tradition und die Abwertung der Vergangenheit. Völlig amodern stehen Prediger ja für eine

---

[41] Damit ist auf die fortlaufende wissenschaftstheoretische Diskussion um Thomas Kuhns Paradigmenwechsel hingewiesen.

[42] SCHOBERTH, Einführung in die Theologie sieht Als Aufgabe der theologischen Anthropologie nicht etwa die Ausarbeitung eines „christlichen“ Menschenbildes, sondern die „Überprüfung und Entmächtigung“ von Menschenbildern.

[43] Zum cartesianischen „Denkfehler“ gibt es einen langen Diskurs, hier sei beispielhaft zitiert: SCHOBERTH, Einführung s.136

[44] LATOUR, Wir sind nie modern gewesen, Frankfurt 2008, s.18 ff „Was heißt modern sein?“ LATOUR besitzt eine hervorragend gepflegte Homepage: http://www.bruno-LATOUR.fr mit Artikeln etc.

[45] Diese klare Unterscheidung findet sich bei SCHOBERTH, Einführung, s.119

[46] LATOUR, Wir sind nie, s.47 f., 188

mehrtausendjährige Tradition, eine lange Traditionskette, der sie (z.B. durch die Ordination) verpflichtet sind. Latour möchte die „große Trennung“[47] von der Tradition zurück schreiben und alte Ausschließungen revidieren. Dabei kann die Bedeutung von Verhaltensweisen, die wir gerade noch als vormodern und irrelevant abgeschrieben hätten, neu gewonnen werden. Schließlich sind Gebete, Kirchgang und Wallfahrten unbestreitbare Tatsachen, die unsere Welt beeinflussen. Sie können nicht übergangen werden.[48] Als Praxis eines „aktiven Vertrauens“ gehören sie in das Repertoire der Methoden mit denen sich Menschen der Zweiten Moderne (Nichtmoderne) in der Welt zurechtfinden[49]. Angesichts solch grundlegender Fragen zeigt sich, dass die homiletische Erkundigung nicht nur ein Thema kirchensoziologischer Bereichsarbeit ist, sondern von den grundsätzlichen Diskursen der Gesellschaft berührt wird. Der Begriff der „Reflexivität“ offenbart hier einen Doppelcharakter: Assoziiert er doch einerseits produktive Wissensanstrengungen und Bewusstseinsbildung, andererseits aber auch Selbstreferenz, denn in ihm wechseln sich Pluralisierung und Stabilisierung. Predigten zielen auf diese Doppelnatur, ohne hier zu einer Entscheidung gezwungen zu sein, es geht lediglich darum aus der Spannung der Extreme zu einem Aufbruch zu kommen. [50]

2.3. Predigtaufgabe: Die entgrenzte Welt und ihre Versammlung von Lebewesen entlässt den Menschen aus jener Herrschaftsrolle, in der er die Welt als Sache zu seiner Verfügung (res extensa) behandelt. Jedoch sollten die rationalen und urteilenden Fähigkeiten des Menschen nicht unterschätzt werden, auch wenn sie nicht mehr in ein Gegenüber zum „Rest der Welt“ gesetzt werden[51]. Die Predigt der Zweiten Moderne könnte von diesen Möglichkeiten erzählen und nach der Reichweite und Funktion der menschlichen Rolle fragen. Ohne Anthropozentrik bleibt die besondere Aufgabe von Menschen, dass sie Entscheidungen treffen und Verantwortung übernehmen können. Es könnte Ziel einer Predigt sein, auf eine solche Entscheidungsfähigkeit und auf Möglichkeiten ihrer Praxis „auf Augenhöhe“ mit den Mitgeschöpfen hinzuweisen.

---

[47] LATOUR, Wir sind nie, s.20

[48] LATOUR, Eine neue Soziologie, sehr bildhaft s.86 ff. im Beispiel der „Jungfrau Maria“ die den Pilger auf Zugreisen zum Wallfahrtsort ruft

[49] GIDDENS Anthony, Risiko, Vertrauen und Reflexivität, s.316-337 in BECK / GIDDENS/ LASH Reflexive Modernisierung

[50] Hierzu BECK Ulrich/ HOLZER Boris, Reflexivität und Reflexion, s.165-192 in BECK / LAU Entgrenzung

[51] Hier treffen sich die Predigtberichte dieses Bandes mit dem, was RICOEUR (Das Selbst als ein Anderer) zu narrativen Ethiken sagt.

3. Navigationen

Schwerpunkt Lebensrythmus, christliches Leben / mimetische und navigationale Kartographie des Lebens

3.1. Kartenwerke: Die dritte Predigtsammlung versteht sich als praxisorientierte Konkretion der ersten Beiden. Kann ein spezifischer Weg des Glaubens durch die Welt gefunden werden? Gibt es eine „christliche“ Navigation durch das moderne Leben? Wie aber kann sie aussehen, wenn die alten Wegmarken verschwunden sind oder ihre Position ständig unsicher erscheint? Die Bücher der Bibel bieten sich an als umfangreiches Kartenwerk zu Fragen des Lebens. Solche Kartenwerke benutzen wir vor jeder Reise, aber auch im Alltagsleben, wenn wir uns durch Informationsebenen und Verknüpfungen zunehmend digitaler Kartographien bewegen. Wir benutzen dabei die Karte nicht mehr als mimetische Abbildung der Wirklichkeit und ihrer Wege, sondern als Quelle verschiedenster, für uns wichtiger Informationen.[52] Die entscheidende Frage dabei ist nicht mehr, ob und wie genau die Karte Wirklichkeit repräsentiert, sondern ob sie relevante Informationen für Benutzer enthält, ob diese Karten mit Interessen und möglichen Wegen verknüpft werden können, so dass von hier aus die Zukunft gangbar erscheint[53]. Durch solche Verknüpfung zeigen sich die Karten als Bestandteile von Ketten, die den Blick auf ihr Umfeld öffnen und Vergleiche ermöglichen.

Wenn Latour von Karten als „Signposts“[54] (Wegweisern) spricht, dann erinnert mich das an die Begrenzungspfähle der Fahrrinnen in der Lagune von Venedig. Sie ermöglichen von Pfahl zu Pfahl und nur in der Reihung eine zügige Fahrt durch die Untiefen der Lagune. Sie sind zudem nützlich, weil sie die Orte markieren, die durch Arbeiten gepflegt werden müssen. Solche navigationalen Karten strukturieren vorhandene und eröffnen neue Räume[55]. Obwohl Latours Aufsatz eindeutig für Wissenschaft und Forschung entworfen ist, enthält er belebende Hinweise für die Verwendung der Bibel als Navigationshilfe durch das Leben. Mit ihren Berichten und Wegbeschreibungen wäre die Bibel ein Orientierungsangebot und man könnte von einzelnen Karten (biblischen Worten) aus verschiedenste Reisemöglichkeiten entwerfen. Ein solches Verfahren nutzt die Bibel zur Beschreibung der Reise des wandernden Gottesvolkes und seiner

---

[52] Ich beziehe mich im Folgenden auf einen Aufsatz von Bruno LATOUR: Entering a risky territory: space in the age of digital navigation, s.581-599 der Text erhältlich über die Homepage von LATOUR http://www.bruno-LATOUR.fr/articles/article/117-MAP-DIGITALpdf.pdf

[53] LATOUR, 584-587

[54] LATOUR, s.588

[55] LATOUR, s.593

Kundschafter wie es z.B. 1.Mose 42 beschreibt: *Und Josef dachte an die Träume, die er von ihnen geträumt hatte, und sprach zu ihnen: Ihr seid Kundschafter und seid gekommen zu sehen, wo das Land offen ist.* Weil navigationale Karten immer mehrere Ebenen der Wirklichkeit mit einbeziehen, sind sie auch für die multiperspektivische[56] Weltsicht der Bibel interessant, in der die Wirklichkeit des Menschen nie die einzige Möglichkeit darstellt: *Sprüche 16,9: Des Menschen Herz erdenkt sich seinen Weg; aber der HERR allein lenkt seinen Schritt.* Latour sieht eine Öffnung weit über den cartesianischen Horizont des Betrachters und seiner res extensa hinaus. Hier schreibt er die Fixierung auf einen Rationalismus zurück, der uns von den Autoren der Bibel (und auch übrigens dem Rest der Welt) trennt, weil er meint, dass nur bestimmte Glaubenswege die Wirklichkeit Gottes abbilden können.

3.2. Zielkoordinaten: Das navigationale Verständnis versteht die Bibel als Orientierungshilfe. Predigten würden dann einen Raum öffnen, in dem neue Sichten und Entscheidungen möglich sind. Die Wege entstehen hier beim Gehen, aber sie verleugnen doch den Bezug zu einer Orientierungsgrösse (der ersten Karte, der Abschnittskarte) nicht. Unerwartete Bezüge herzustellen oder Kontexte zu erschließen, das sind mögliche Beiträge zu einer Navigation des Glaubens im Leben. Zur ihr gehört nicht nur die Kenntnis eines bestimmten Raumes, sondern auch seiner Möglichkeiten zur Ausbreitung und Gestaltung. Man kann die moralischen Konkretionen mancher Predigten als Versuche einer mimetischen Kartographie verstehen. Im Multiversum der navigationalen Karten jedoch ist ein christlicher Weg nicht exklusiv, sondern sieht sich mit anderen Möglichkeiten zusammen.

4. Das geöffnete Buch, die biblische Signatur der Möglichkeiten

4.1. Buch und Multiversum: Das ursprünglichste Ritual evangelischer Frömmigkeit ist das Öffnen eines Buches. Die reformatorische Entdeckung war zuerst eine sprachliche. Ihr medialer Erfolg war jedoch verbunden mit dem Buchdruck, mit neuen Printmedien, handlichen Formaten für Zettel und Bücher[57]. Das geöffnete Buch ist der Anfang der Predigtarbeit. Es gehört zur Suche nach Texten für Lebensübergänge, Sonntagspredigten und Andachten, auch wenn sich

[56] Natürlich gerät in der Vorstellung einer Mehrdimensionalität das Bild der Flächenwelt an seine Grenzen, denn auch auf der digitalen Karte gibt es ein Übereinander, ein Oben und unten.
[57] GRÖZINGER Albrecht, Lehrbuch Praktische Theologie: Homiletik: 2, Gütersloh 2008, zur Homiletik Martin Luthers s. 55 f.

der Ritualcharakter des Buchaufschlagens aus Praxisgründen immer öfter im blitzschnellen Tastenzugriff auf die Online-Bibel verliert. Die Begegnung mit der Bibel und ihren medialen Repräsentationen prägt den evangelischen Glauben weiterhin, doch ist ihre Textur keine starre. Die biblische Signatur des Lebens zeichnet sich durch eine Art Beweglichkeit aus. Sie kommt so Erfahrungen moderner Menschen entgegen. Sie stellt dabei nicht etwa Widersprüche eines stabilen christlichen Wertegefüges im Kontrast zur Welt fest, sondern sie markiert einen Lebensrahmen in dem für Menschen (und erst recht für Prediger) vieles möglich ist, z.B. auch die Erfahrung gleichzeitig Knecht und Herr aller Dinge zu sein. Die Bibel markiert so Grenzen und eröffnet zugleich Freiheiten. Sie gibt der Predigt Themen vor und öffnet gleichzeitig einen Freiraum, in dem Prediger/innen mit ihrem Selbstverständnis, die Lebenssituation der Hörer und die sprachliche Gestaltung zu ihrem Recht kommen[58].

4.2. Die eine Geschichte und die Möglichkeiten: Ein Satz Rudolf Bohrens begleitet mich bis heute: „Wir erzählen keine Geschichtchen. Wir erzählen die Geschichte." Diese Worte sind nicht nur der Grund dafür, warum ich ungern Beispielgeschichten verwende oder 2.Erzählebenen aufbaue. Sie markieren zugleich einen hohen Anspruch an die Predigtarbeit. Er ist nur einzulösen, wenn die Geschichte Gottes mit den Menschen nicht als geschlossene und fertige Deutung über den Dingen des Lebens verstanden wird, sondern als fortlaufende Erzählung, die mit jeder Predigt reflektiert und um ein paar Worte weiter geschrieben wird. Es handelt sich also nicht um die „eine und einzig mögliche" Geschichte. Aber sie ist eine entscheidende Geschichte, mit der wir uns im Dialog befinden. Es wäre möglich, sie als „die eine, unsere Liebesgeschichte mit Gott" zu verstehen, die uns betrifft und alle Beteiligten verwandelt.

Weil diese Geschichte von Menschen gepflegt und gestaltet wird, gibt es Fehlentwicklungen. So haben sich im Lauf der Zeit Hierarchien gebildet, wie die des Pfarrers und Talarträgers, der den ihm zur Verfügung stehenden Kirchenraum monologisch verwaltet[59]. Oder die Predigt ist im Kontext reformliturgischer Sprachexperimente zum „letzten Reservat" eines biblischen Wortes geworden für das Artenschutzgesetze gelten: Dann ist die Predigt „das Andere", „das Gegenläufige", „das Reine" etc. mit eigener Zeitlichkeit und Ethik. Als solche wäre sie grundsätzlich unverfügbar und immer irgendwie ein Wunder das sich dort ereignet, wo Gottes

[58] GRÖZINGER, Lehrbuch s.56

[59] HERLYN Okko, Theologie der Gottesdienstgestaltung, Neukirchen 1988 spricht z.B. vom Auslegungsmonopol des Pfarrers

Geist wirkt[60]. Kann Sie, wie es Rudolf Bohren fordert, wirklich zur Namenrede werden und den unendlichen Horizont Gottes angemessen repräsentieren? Wird dann das menschliche Tun des Predigers geadelt, so dass man altertümlich von geistgewirkter Vollmacht sprechen könnte?[61] Oder gibt es auch vergebliche und wirkungslose Predigten? Ganz egal, wie man zu diesen Ansprüchen steht, sie markieren die besondere Verantwortlichkeit in der Predigtarbeit.

4.3. Was offen bleiben muss: Leider stehen gerade theologisch verantwortungsbewusste Predigten der hörenden Gemeinde oft skeptisch und lehrmeisterlich gegenüber. Bei aller Disziplin und Sorgfalt in der Vorbereitung von Predigten sehe ich aber ihre Möglichkeiten als der Welt entnommene besondere Form der religiösen Rede skeptisch. Ich halte sie eher für die sprachliche Repräsentation und Erzählung komplexer und verwirrender geschöpflicher Wirklichkeiten. Ich verstehe darunter, dass sie ein Miteinander beschreiben, welches nicht von vorneherein in Konzepte von Synthese oder Komplementarität etc. aufgelöst werden muss. Dieses wechselvolle Miteinander soll als prägende Grunderfahrung stehen bleiben. Man kann dies in einer Art Wechselschritt durchmessen[62], bei dem sich Geheimnis und Erklären, Verhüllung und Enthüllung, Verfügbares und Unverfügbares immer wieder ablösen. Immer wieder begegnet uns dann die biblische Signatur in ihrer ganzen Spannung von Vollmacht und Ohnmacht, Möglichkeit und Verfehlung. Diese Spannung möchte ich weder für Predigt noch Liturgie in ästhetische Gestaltung welcher Art auch immer auflösen. Dass Gottesdienste dennoch als „schön“ empfunden werden können, hat damit nichts zu tun. Oft aber bleibt nach der Gestaltung so genannter „runder“ Gottesdienste das Gefühl, dass Wichtiges doch nicht zur Sprache gekommen sei. Deshalb verstehe ich die vorangegangenen Abschnitte und die Kriterien zur Auswahl der Predigtsammlungen nicht als Grammatik einer „modernen Homiletik“, die man als Maß an eine Predigt legen könnte. Sie sind lediglich eine Ermutigung zur Erkundigung. Sie sind eine Aufforderung, die Dinge offen zu halten und dort zu bleiben, wo wir zuhause sind: Im Geschöpflichen.

---

[60] BOHREN Rudolf, Predigtlehre Gütersloh 6/1993, s.49 versteht die Predigt als Namenrede und entwickelt dementsprechend hohe Ansprüche an die Gestaltung, wie das z.B. in seiner Liste von „Predigtlastern“ deutlich wird, s.402-419

[61] BOHREN beschreibt die Pneumatologie nicht als Entmächtigung des Predigenden, sondern als den Horizont in dem sein Menschliches besondere Bedeutung erhält. S.77

[62] NICOL Martin, Weg im Geheimnis, Plädoyer für den Evangelischen Gottesdienst, Göttingen 2009 beschreibt zutreffend und ausführlich die gesamte Problematik der Predigt im Gesamtkontext des Gottesdienstes und sieht in ihr einen „Wechselschritt und Kontrapunkt “ zum Liturgischen. S.68-89, bes. 87 ff.

Sammlung 1: Unterwegs im Flächenland

Die Predigten dieses Teils erzählen Wegerfahrungen aus dem Flächenland des Glaubens. Die Bibel zeigt sich dabei nicht als Kursbuch in das Gelingende. Sie erzählen Wegerfahrungen aus dem geschöpflichen Leben, reihen sie aneinander und ermöglichen so eine Art „Erkundigung in den Untiefen des Lebens“. Die Predigten dieses Abschnitts sind ein Versuch, die vorhandenen guten Berichte der Bibel fortzuschreiben. Dabei zeigt sich: Dort wo *weiter* geschrieben (und nicht etwa *vor oder nur nach*geschrieben) wird, dort wo biblische Berichte beim Wort genommen und in ihrer transformierenden Kraft ernst genommen werden, da geraten geprägte Verständnisse und Wahrheitsansprüche ins Wanken. Die Dinge verändern sich und geben neue Einblicke frei. Dieser Art Dynamisierung religiös-kirchlicher Selbstverständlichkeiten ist nicht etwa säkular signiert, sondern fühlt sich der Dynamik des Gotteswortes verbunden, welches eine Kirche nicht nur konstituiert, sondern als reformanda auch in Bewegung halten möchte.

Anm: Die Zwischenüberschriften in den Predigten dienen der leichteren Lesbarkeit und Strukturierung.

1. Jesaja 54,7- 10: Ein Fenster in den Wolken, Sonntag Latare (Reihe

1.1.1. Kontextualisierung: Der Titel der ersten Predigt dieser Sammlung scheint der Vorstellung des Flächenlandes zu widersprechen: „Ein Fenster in den Wolken.“ Doch bedeutet unterwegs sein im Flächenland des Glaubens nicht, den Himmel zu verlieren. Aber gerade wenn vom Himmel gesprochen wird, soll die Erde nicht vergessen sein. Die Erzählung vom Himmel hebt den Blick vom Boden und ermöglicht, dass nach vorne gesehen werden kann. Zum Sonntag Laetare, dem kleinen Ostern, gehört der Blick aus der Passionszeit nach Ostern hin. Der Himmel liegt nicht über, sondern vor uns.

1.1.2. Begrüßung am Anfang des Gottesdienstes

Liebe Gemeinde, gestern war Orkan und während der Wind noch tobte, riss mitten in Wolken manchmal ein Fenster auf von Klarheit und Licht. Dann trieb es einen Sonnenstrahl hinunter, der zwar bald verschwand, aber doch eine unvergessliche Botschaft hinterließ: Dieser Sturm wird vorbeigehen. Mitten in die Fastenzeit hat uns der liturgische Kalender den Sonntag Laetare gesetzt und er nennt ihn auch „das kleine Ostern“. Diese Sitte erinnert uns, dass Fasten und Leiden Jesu nicht alles sind. Dieser Sonntag schickt uns einen vorzeitigen Ostersonnenstrahl mit der Botschaft. Das Leben siegt. Wir können 7 Wochen ohne Schokolade leben und ohne Wein und ohne Auto. Aber nicht ohne diese Worte: Das Leben siegt. Dafür steht Gott ein. Ich wünsche uns, dass wir das auch in diesem Gottesdienst erfahren.

1.1.3. Predigt: Liebe Gemeinde

a) Ohne Umschweife sofort zur Sache: Was mich geradezu anspringt, ist der erste Satz des Predigtwortes: **Ich habe dich einen kleinen Augenblick verlassen, aber mit großer Barmherzigkeit will ich dich sammeln.** Vielleicht fällt Ihnen auf den ersten schnellen Kontakt gar nichts auf, aber mich durchfährt es, als ich diese Worte höre. **Ich habe dich einen kleinen Augenblick verlassen, aber mit großer Barmherzigkeit will ich dich sammeln.** Was für ein Gott, denke ich mir, der sich entschuldigt bei seinen Leuten, so wie ich mich entschuldigen würde, wenn ich was vergessen und versäumt hätte: Ich habe dich alleine gelassen, ich war gerade nicht auf dem Plan. Aber ich mache es wieder gut. **Ich habe dich einen kleinen Augenblick verlassen, aber mit großer Barmherzigkeit will ich dich sammeln.**

In solch einem Satz sammelt sich Lebens- und Kirchengeschichte. Sätze wie dieser machen die Bibel zum größten und wichtigsten Buch nicht nur für Christen. Dieser Satz enthält ungezählte Geschichten von Untergang und Sieg, Tod und Auferstehung, Schuld und Vergebung. **Ich habe dich einen kleinen Augenblick verlassen, aber mit großer Barmherzigkeit will ich dich sammeln.** Hier entschuldigt sich Gott. Anders kann und will ich das nicht hören. Es klingt so, als ob er sich herabbeugt zu seinen Leuten und erklärt, was schief gelaufen ist, so als hätte er einen Fehler gemacht. Historisch gesehen ist es im Umfeld dieser Worte, dass sich Gott sich gerade für ein paar Jahrzehnte von seinem Volk entfernt hat. Israel sitzt nun alleine in babylonischer Gefangenschaft und denkt sich seinen Gott weit weg. Er ist zuhause in Jerusalem zwischen den Trümmern des Tempels. Doch plötzlich taucht er auf in den Flüchtlingsvorstädten von Babylon und spricht: Ich war dann mal weg, jetzt bin ich wieder da! Gott hat sich die Gebete seiner Leute zu Herzen gehen lassen.

Als er das tut bricht er mit dem, was wir gelernt haben: Nämlich, dass Götter kein Herz haben und keines brauchen, weil sie ja Götter sind. Dass Götter sich nicht bewegen lassen, weil sie unbewegte Beweger sind. Gerne haben wir Christen es aus anderen Religionen und Philosophien übernommen: Ein Gott ist perfekt, ist absolut, ist garantiert unfehlbar. Weil er angeblich so ist und dazu noch über den Heerscharen unbedeutender Alltagsmenschen thront, deshalb veranstalten Kirchenmenschen seit Jahrtausenden immer wieder das Theater von der unfehlbaren Kirche des absoluten Gottes. Religion wird zur Suche und zur Sucht nach

Perfektion. Lückenlos und fehlerlos soll der geistliche Mensch aus den Niederungen des Alltags erstehen und in Richtung Himmel blicken.

Uns aber begegnet ein durchaus fehlerhafter Gott. So hilflos entschuldigt er sich, wie es uns als Menschen oft schwer fällt: Ich war mal weg, ich war mal gerade mal verärgert, ich hatte Zorn, ich war abgelenkt, ich war frustriert. Ich habe mir eine Auszeit gegönnt. **Ich habe dich einen kleinen Augenblick verlassen…** Was kann man einem solchen Gott antworten. Etwa in gläubiger Ergebung: Macht nichts! Ist schon gut! Du bist ja Gott und darfst das. Oder im Zorn? Diese Entschuldigung reicht nicht!

b) Immerhin: 70 Jahre sitzt Israel an den Wassern Babylons. Mehr als 20 Jahre trauert eine Mutter um ihr verstorbenes Kind. Ein Leben lang kämpft ein Mann gegen den Verlust der Frau. Welche Entschuldigung zur kleinen Weile der Gottferne wollen wir ihnen sagen, den Menschen in der Sahelzone, die seit dreißig Jahren ohne Regen in der felsenharten Erde ihres Landes kratzen, oder denen in Asien, deren Stadt seit Monaten von einem nicht mehr enden wollenden Schlammfluss verschluckt wird: **„Ich habe dich einen Moment verlassen?“** „Nein Gott“ sagt der Mensch, wenn er sich traut: „Warum hast du mich verlassen? Bist du nicht einen einzige Moment auf die Idee gekommen, dass ich ohne dich nicht leben kann und leben will“. Und die gleichen Worte ruft, an einem Holzbalken aufgehängt, der Retter der Welt. Karfreitag total. Es gibt im Leben schaurige Momente, die wir nur mit einem Satz beschreiben können: Gott war anscheinend nicht da! Denn wenn er da gewesen wäre, dann wäre es doch sicher anders gekommen. Das ist unser ein verzweifeltes Glaubensbekenntnis, ein Festhalten an der Güte Gottes gegen allen Augenschein. Gottes Güte: Ein Fenster in den dunklen Wolken. Auch wenn wir es nicht sehen blicken wir zum Himmel und hoffen auf einen flüchtigen Sonnenstrahl.

Und dann fordert uns immer wieder diese fast unmenschliche Behauptung heraus: Gott wäre doch da, wenn wir nur genug Glauben hätten. Wenn du ihn nicht gefunden hast, dann bist du selber schuld. Damals am Tag als deine Liebe starb. Damals als dein Haus brannte. Als dein Leben vernichtet wurde, als du vertrieben wurdest, als dein Mann auf der Intensivstation lag, da hast du möglicherweise nicht genug geglaubt. Da hast Du nicht selbstvergessen genug gebetet. Das Evangelium des heutigen Tages entlastet diese Erfahrungen der Gottferne. Vielleicht waren Sie doch nicht nur Früchte unseres Zweifels, vielleicht nicht nur der Sünde Sold. Vielleicht gehört sie in unser Leben als Christen. Vielleicht war es so und Gott war wirklich nicht da? Plötzlich wird vieles verständlich, wenn auch nicht unbedingt ertragbarer. Wenigstens war es nicht unsere Schuld, wo doch Gott spricht: **Ich habe dich einen kleinen Augenblick verlassen, aber mit großer Barmherzigkeit will ich dich sammeln.**

Israel hat eine solche Gottferne erfahren und überlebt. Fast alle Väter des Gottesvolkes sind durch Wüsten gegangen und in ihnen gereift. Gott hat es wohl so gemacht, dass Menschen auch mal ohne ihn gehen dürfen oder müssen und so etwas vom Leben lernen. So hören wir es heute jedenfalls bei Jesaja. 70 Jahre lebt Israel fern der Heimat mit einer anderen Kultur, mit Gottkönigen. Und erst in der Konfrontation mit dem anderen Glauben reift das Volk, wie wir im nach hinein erkennen werden, zu einer neuen religiösen Sprache. Und findet einen Gott, der so weit ist, dass er nicht nur in seinem Tempel zuhause ist, sondern überall, auch im Exil, in der Fremde. Es ist dieser Gott, der heute mit uns spricht. Der möglicherweise auch gar nicht weg war, sondern lediglich woanders, wo man ihn vielleicht noch dringender brauchte. Heute treten wir an die Erfahrung der Gottferne heran wie an den Rand einer großen Schlucht. Wir spüren die Tiefe, aber auch den Boden auf dem wir stehen. Unser Blick wird geweitet und wenn wir uns umdrehen und zurückgehen, ist er nicht mehr derselbe. Der Boden auf dem wir dann stehen ist der 2.Teil des Satzes. Beim Blick in die Tiefe haben wir gespürt, wie wenig wir von Gott wissen. Wir haben noch längst nicht alles ausgelotet und alles verstanden. **...aber mit großer Barmherzigkeit will ich dich sammeln.**

c) Man muss sich von solch einem Abgrund lösen, damit man wieder auf festen Grund gelangt. Jesaja lockt uns dort mit anderen Erfahrungen. Er erzählt vom Bund des Regenbogens und von den Wassern, die nie mehr über die Erde gehen werden. Er erzählt von einem Gott, der sich nach Sintflut und Krise mit neuem Segen und einem neuen Bund zurückmeldet. Auch wenn wir es in der Krise nicht immer vor Augen haben, stehen wir in einer langen Kette von Erfahrungen und Ereignissen. Wir leben oft unbewusst aus Ihnen. Das ist der sichere Boden von dem wir aus in die Abgründe blicken die sich manchmal für uns auftun.

Wie ist es doch mitten im Winter, wenn der Himmel wochenlang dunkel ist? Wenn es kalt bläst und widrig ist? Irgendwie ist gerade an den finstersten Tagen die Vision der Sonne hell und sie gibt uns Hoffnungen oder Träume. Der Mensch lebt eben auch von dem, was er nicht sieht. Er sehnt sich danach und lebt aus Hoffnungen nach dem „ganz Anderen“. Und gestern, als der Sturm tobte und die Wolken über den Himmel trieb, riss manchmal ein Fenster auf ins Blaue und ins Licht. So sind wir Menschen und das ist gut so. **Ich habe dich einen kleinen Augenblick verlassen, aber mit großer Barmherzigkeit will ich dich sammeln.**

Es ist alles erzählt in diesem einen Satz. Der verhüllte Himmel und der Durchblick. Das Verlieren und sich wieder Finden. Das Schwere und das Leichte. Und wenn Sie mit ihrem Leben noch im 1.Teil dieses Satzes wären, dann würde ich Ihnen wünschen, dass immer wieder der Blick aufreißt für die Fortsetzung oder die so lebensnotwendige Ergänzung der ersten Worte aus dem Jesaja. **Ich habe dich einen kleinen Augenblick verlassen ... aber mit ewiger Gnade will ich mich deiner erbarmen, spricht der HERR, dein Erlöser. 9 Ich halte es wie zur Zeit Noahs, als ich schwor, dass die Wasser Noahs nicht mehr über die Erde gehen sollten. So habe ich geschworen, dass ich nicht mehr über dich zürnen und dich nicht mehr schelten will. 10 Denn es sollen wohl Berge weichen und Hügel hinfallen, aber meine Gnade soll nicht von dir weichen, und der Bund meines Friedens soll nicht hinfallen, spricht der HERR, dein Erbarmer AMEN**

2. Markus 12,1-12: „Böse G´schicht“

2.1. Kontextualisierung: Buchreligionen haben eine schlechte Presse, denn ganz egal ob Bibel oder Koran, mit Ihnen werden Unbeweglichkeit und Fundamentalismus assoziiert. Die immer gleiche Geste des Nachschlagens in immer dem gleichen Buch scheint auf den ersten Blick nicht kompatibel mit den ständig wechselnden Anforderungen der „Moderne“. Diese Predigt ist dem dynamischen Charakter „lebendiger“ Buchreligion auf der Spur. Er enthüllt sich gerade dort, wo wir mit dem Buch an eine Grenze kommen, weil es nicht nur gute, sondern eben auch „böse“ Geschichten erzählt wie z.B. die von der Mordtat der Weingärtner. Durch Aufschlagen und unmittelbaren Zugriff kommt man hier nicht weiter. Andererseits gehören auch böse Geschichten in die Erzählung des Lebens. Gerade an ihnen bewährt sich das Buch, trotz und mit ihnen behält es seinen Hinweischarakter. Es markiert Haltungen, die uns helfen, den Weg durch eine Wirklichkeit zu finden, die schwierige und oft böse Geschichten enthält. Die Gemeinde erhielt in diesem Gottesdienst einen Zettel, auf dem, der Text in verschiedenen Schriften abgedruckt war um in einer Art Bibelarbeit Teil des Textes literarkritisch auseinander zu halten.

Markus 12 *1 Und er fing an, zu ihnen in Gleichnissen zu reden:* Ein Mensch pflanzte einen Weinberg und zog einen Zaun darum und grub eine Kelter und baute einen Turm und verpachtete ihn an Weingärtner und ging außer Landes. 2 Und er sandte, als die Zeit kam, einen Knecht zu den Weingärtnern, damit er von den Weingärtnern seinen Anteil an den Früchten des Weinbergs hole. 3 Sie nahmen ihn aber, schlugen ihn und schickten ihn mit leeren Händen fort. 4 Abermals sandte er zu ihnen einen andern Knecht; dem schlugen sie auf den Kopf und schmähten ihn. 5 Und er sandte noch einen andern, den töteten sie; und viele andere: die einen schlugen sie, die andern töteten sie. 6 Da hatte er noch einen, seinen geliebten Sohn; den sandte er als Letzten auch zu ihnen und sagte sich: Sie werden sich vor meinem Sohn scheuen. 7 Sie aber, die Weingärtner, sprachen untereinander: Dies ist der Erbe; kommt, lasst uns ihn töten, so wird das Erbe unser sein! 8 Und sie nahmen ihn und töteten ihn und warfen ihn hinaus vor den

Weinberg. 9 Was wird nun der Herr des Weinbergs tun? Er wird kommen und die Weingärtner
umbringen und den Weinberg andern geben. 10 **Habt ihr denn nicht dieses Schriftwort gelesen
(Psalm 118,22-23): »Der Stein, den die Bauleute verworfen haben, der ist zum Eckstein
geworden.** 11 **Vom Herrn ist das geschehen und ist ein Wunder vor unsern Augen«?**
12 **Und sie trachteten danach, ihn zu ergreifen, und fürchteten sich doch vor dem Volk;
denn sie verstanden, dass er auf sie hin dies Gleichnis gesagt hatte. Und sie ließen ihn und
gingen davon.**

2.2. Predigt: (Bibel in der Hand) Liebe Gemeinde,

a1) das ist mein Buch und hoffentlich auch Ihres. Die Bibel. Leben und glauben aus dem Buch! Buchreligionen haben heutzutage eine schlechte Presse. Judentum, Christen und der Islam. Sie alle gelten als unflexibel. Wenn sie sich an die Worte ihres Buches halten, dann werden sie widerständig und gehen nicht jeden Weg mit. Das hier (Bibel) ist unser Buch. Was hier drin steht ist uns wichtiger als Konzilserklärungen, Denkschriften und Bischofsverlautbarungen. Evangelischer Glaube entscheidet sich in der Auseinandersetzung mit diesem Buch.

Die Bibel als Handbuch des Glaubens? Ein gutes Handbuch zeichnet nicht nur Grenzen auf. Es macht Mut zu neuen Wegen und eröffnet neue Möglichkeiten. Wir sagen manchmal, die Bibel wäre kein Buch der steinern festgeschriebenen Regeln, sondern eher eine lebendige Quelle. Dann könnten wir für das Leben aus ihr trinken. Und wenn uns das Wasser dieser Quelle manchmal nicht direkt in den Mund fließt, d.h. wenn wir mal nicht sofort und gleich verstehen, dann müssen wir uns halt bücken, dorthin wo das Wasser ist. Wer von uns hat das nicht schon getan auf einer Bergwanderung im heißen Sommer? Heute bücken wir uns also zur Quelle und versuchen, dem Text nahe zu kommen. Das Gebot der Sonntagsruhe ist heute in Sachen Bibel aufgehoben. Bibelarbeit - das ist angebracht bei einer so komplizierten Geschichte.

b) Von den „bösen Winzern“ haben wir gehört und es ist keine schöne Geschichte. „Böse Gschicht“ würde unser Kirchenmusiker sagen: „Böse Gschicht“. Nichts für einen Sonntag. Von Mord und Totschlag ist hier die Rede. Von Gier wird erzählt und wir als geübte Christen wissen sofort, was und wer gemeint ist. Natürlich ist Gott der Herr des Weinbergs und der Weinberg ist unsere Welt. Gott sandte seine Diener und Propheten zu den Menschen und wollte nicht anderes als jene Aufmerksamkeit und Anerkennung, die ihm zustehen. Er hat sie nicht bekommen und schickte in einer letzten verzweifelten Kraftanstrengung sein letztes Aufgebot, den eigenen Sohn. „Böse Gschicht“ denke ich mir und frage mich dann sogleich, wozu ich sie all den braven Menschen erzählen soll, die heute da sind. Sie alle (ich auch) sind ja gute oder zumindest bemühte Arbeiter im Weinberg und keine bösen Winzer. So was würden wir doch nicht machen. Geht diese Erzählung also knapp vorbei an uns allen? Oder ist sie willkommener Anlass, mit dem Finger auf die bösen Winzer dieser Welt zu zeigen? Und sich genussvoll in die Beobachterpositionen zu stellen? Aber das tut die Bibel nicht: Sie stellt ihre Leser nicht auf das leicht erhöhte Podest der Besserwissenden, die sich raus halten aus dem Spiel, aber zu jedem Zug eine gute Meinung haben.

c) Also bücken wir uns heute zum Wasser, damit wir herausbekommen, wo wir sind in dieser bösen Geschichte. Ich habe sie für unsere Bibelarbeit auf das Gottesdienstblatt abdrucken lassen. Sir sehen hier verschiedene Schriftarten. Und auch Abschnitte. Die zwei Schriftarten weisen hin auf zwei verschiedene Autorenhände. In der Kursivschrift blicken wir wohl auf die Hand des Evangelisten Markus selbst. Er fügt den Rahmen um die Episode von den bösen Winzern. Diese Winzergeschichte spiegelt aber nicht wider, wie Menschen in der Antike lebten. So wild ging es nicht zu, vor allem nicht im zivilisierten Israel mit seinen Geboten und es ist sozusagen nicht vorgekommen, dass wegen einer lächerlichen Pacht Menschen umgebracht wurden. Unterlassen wir Spekulationen, woher die Geschichte genau stammt. Sie ist vorhanden. Sie ist in der Bibel. Das reicht mir. Sie wurde sicher in den frühesten Gottesdiensten der Christen gelesen. Sie erzählt anscheinend eine schlimme Erfahrung: Gott bekommt in der Welt nicht die Ehre und den Respekt, die ihm zustehen. Die frühesten Zuhörer dieser Geschichte kennen diese Erfahrung. Jenes versprengte Christenhäufchen irgendwo in einer Stadt zwischen jüdischer Gemeinde und römischer Götteranbetung oder Kaiserreligion. Jenes Häufchen, welches ständig um das Überleben zu kämpfen hatte, das weiß worum es geht. Und am Ende der Geschichte steht ein **Fettdruck.** So zwischen dem Rahmen und der „bösen Geschicht“ erklingt plötzlich Gotteslob. Der Kommentar eines frühen Predigers vielleicht. Wie auch immer: Der Klang ist ein völlig anderer. Nicht böse, bittere Gschicht, sondern süßes Gotteslob. Diese wenigen Zeilen stecken voller Überraschungen und voller Emotion: Es ist so natürlich, dass wir uns am liebsten gleich und unmittelbar in den Kampf mit den bösen Winzer begeben wollen. Ja - es gibt diese bösen Winzer. Wir sind sofort bereit, ihnen Namen zu geben und mit dem Finger auf sie zu zeigen, denn es ist doch einfach so: Es gibt genug böse Politiker, selbstsüchtige Banker, gefühllose Manager und wie sie alle heißen. Diese Welt wäre eine andere, wenn Gott bekäme, was ihm zusteht und wir müssten uns weder mit Wirtschaftskrise, abschmelzenden Polen und Gerechtigkeitsfragen herumschlagen. Ja es gibt viele, zu viele böse Winzer. Das möchte man traurig und melancholisch bemerken. Man möchte zustimmen. Ja – die Welt ist schlecht.

Doch gerade dann würden wir mit all unserer Zustimmung zum biblischen Bericht Gottes Plan verfehlen. Der traurige Rückzug aus der Welt ist nicht das Lebensgefühl der Bibel. Hand an den Pflug und nach vorne gesehen. So sagt es Jesus einmal.

d) Wer also schon geahnt hat, dass die „böse Geschicht" nicht alles sein kann und darf, der wird nun belohnt und erntet Lohn der fleißigen Textarbeit. Aus der traurigen Lethargie reißt uns das Lob des Psalmes: **»Der Stein, den die Bauleute verworfen haben, der ist zum Eckstein geworden. 11 Vom Herrn ist das geschehen und ist ein Wunder vor unsern Augen«?**

Hast du gerade noch gedacht, dass alles umsonst ist? Hast du gerade noch überlegt, ob du manchmal nicht doch das Schwert nehmen solltest, um auf die bösen Winzer loszugehen? Warst du nicht gerade noch frustriert, dass die Dinge auf dieser Welt immer gleich laufen, die Reichen immer noch reicher werden, die Natur immer kränker wird und so weiter? Hast du nicht gerade noch gezweifelt am guten Sinn der ganzen Gottesstory? Dann nimm diese „böse Gschicht" (Blatt!) und lies das Fettgedruckte. Heute geht es nicht um Enttäuschung und Melancholie. Heute geht es nicht um die vermeintliche Schwäche Gottes, der sich in Jesus und anderswo schlagen und demütigen lässt. Heute geht es nicht um die ständigen Niederlagen der Guten und die Ausbeutung der Schwachen.

e) Heute erzähle ich von den Wundern, die Gott in solchen „bösen Geschichten" hineinlegt und versteckt. Ich erzähle von wundersamen Wendungen und davon, dass Gott aus Trümmern und Scherben etwas Neues baut. Gerne verlese ich diese Botschaft. Gerne gehe ich ihr nach und entdecke, dass alles gut enden wird. Nicht nur, dass ein neues Weltgebäude auf dem verworfenen Stein gebaut ist, sondern auf Dauer scheitert auch der Tötungsbeschluss. Aus Furcht vor dem Volk müssen die bösen Winzer dieser Welt letzten Endes unverrichteter Dinge abziehen. Es ist als, wäre irgendwo in dieser „bösen Geschicht" ein Samen verborgen, der ins Gute und in Leben wachsen will. Das ist der Eckstein, das Wunder eines neuen Weltsinns. Es ist der Wille zum Guten und zum Licht, den wir da wachsen spüren. Zuerst ist er noch ganz verborgen in den dunklen Sätzen der „bösen Gschicht", in den Abgründen der bösen Leute, aber dann lässt er sich nicht mehr aufhalten. Nur die Ewiggestrigen überlegen sich noch die Strafen für die Winzer. Alle anderen sind schon unterwegs zur Stadt Gottes, die auf dem verworfenen Eckstein gebaut wurde.

a 2) Das ist unser Buch. Ich merke – es zeigt uns oft nicht die einzelnen Schritte oder den gesamten Weg. Aber es zeigt uns Ziele. Das ist unser Buch. Es weckt Sehnsüchte und Hoffnungen. Damit können wir unsere Lebensgeschichte schreiben und die Worte, Sätze und Wendungen wählen, die zu uns passen. Ja sogar das Genre: Liebensgedicht, Sachbericht,

Erlebnis- oder Phantasieaufsatz. Vor Gott ist es gut. Jeder Stein kann mitbauen, das haben wir gehört. So entdecken wir heute in der „bösen G´schicht“ Gottes gute Geschichte. Das wollte ich weitersagen. Gerade jetzt, wo so viele schlechte Nachrichten über uns hereinbrechen. Gerade jetzt wo man sich kaum wehren kann, gegen die negative Trance von Insolvenzen, Milliardenzusammenbrüchen und allem Anderen. Gott schreibt seine Geschichten anders und er zeigt uns so, wie wir unsere Geschichten schreiben können.

Damit wir das tun können, braucht es manchmal Arbeit, Geduld, Einfühlsamkeit, sicher auch das ich sage fast „kindliche“ Zutrauen, dass in allen „bösen Geschichten“ ein Samen fürs gute verborgen ist. Ausnahmsweise will ich mich einmal selbst zitieren: Vor Jahren fuhr ich im jugoslawischen Bürgerkrieg durch jene Dörfer, in denen sich die Nachbarn vertrieben und grausam getötet hatten. Es waren unfassbare Horrorgeschichten von Mord und Totschlag, die man uns erzählte. Im Gespräch über Wiederaufbau und Hilfe habe ich inmitten dieser Schrecken, die die Menschen noch umklammerten, gelernt: „In jedem Dorf gibt es einen guten Menschen, du musst ihn nur finden.“ In jedem Dorf, in jeder Stadt, in jeder Partei, in jeder Firma gibt es einen guten Menschen, du musst ihn nur finden. Sogar unter den bösen Winzern mag er versteckt sein. In jeder „bösen G´schicht“ gibt es den Grundstein für Neues. Und in unserem Leben gibt es ein Buch das uns davon erzählt. Und das uns zeigt wie wir den Weg und die Wende zum Guten finden. AMEN

3. Lukas 21,25-28: Menschen würde und Schokolade

3.1. Kontextualisierung: In der Paradoxie von Menschenwürde und Schokolade spiegelt sich eine Grunderfahrung des Glaubens, die wir als Doppelnatur unseres Lebens zwischen Gesetz und Evangelium, Freiheit und Unfreiheit entdecken. Gute Erzählungen lassen fröhlich das Ewige hinter sich.[63]. Mit dem Ehrgeiz guter Berichte gehen Sie die Wege vom Großen ins Kleine und wieder zurück. Die Unfreiheit des Willens gegenüber einer Tafel Schokolade und der idealistische Entwurf der Menschenrechte belegen Doppelnatur und Ambivalenz unserer Autonomie. Davon wird zu sprechen sein, wenn der Text an zentraler Stelle dazu auffordert, das Haupt zu erheben.

Dass dies im Getümmel der Vorweihnachtszeit oft kaum möglich ist, dass sich die Perspektiven der Menschen unter medialer Dauerbefeuerung verengen und gerade noch bis zum 24.12. oder

---

[63] BENJAMIN Walter, Der Erzähler, s.485-513 in: Illuminationen, Ausgewählte Schriften 1, Frankfurt 1977, s.513 ff.

zum 31.12., zum Versicherungswechsel oder zur letzten Möglichkeit der Geldanlage reichen, das ist ein Thema dieser adventlichen Fastenpredigt zu Schokolade und Würde.

3.2. Predigt: Liebe Gemeinde,

a) Was haben Menschenwürde und Weihnachtsschokolade miteinander zu tun?

Sehr viel! Weihnachtsschokolade ist ein Symbol für unsere Art in diesen Tagen das Fest vorzubereiten. All die kleinen Erledigungen fürs Fest. All die kleinen Genüsse und Vorfreude. Und „Menschenwürde" ist ein großes Wort für alles, was uns an Weihnachten von Gott und vom Menschen erzählt wird. Sie ist ein großes Wort davon, was die Menschen Gott wert sind. Weihnachtsschokolade und Menschenwürde sollten uns beide gleichermaßen süß und wohlschmeckend werden. Das ist mein Wunsch für uns alle in der Adventszeit. Dass wir durch Zimtstern und Weihnachtsgebräuche immer wieder den Durchblick bekommen auf das große Geschehen, den großen Weihnachtsplan Gottes.

Zu diesem Durchblick und zum Weitblick über all die anstehenden Erledigungen hinaus fordert uns das Lukasevangelium auf: **Seht auf und erhebt eure Häupter, weil sich eure Erlösung naht.** Dieser Spruch passt ins Getümmel der Vorweihnachtszeit. Keine Angst! So erschöpft sehen Sie, liebe Gemeinde, sowieso nicht aus, dass solch ein Zuspruch unbedingt notwendig erschiene. Es ist ja auch nicht schlecht, wenn man in diesen Tagen das Haupt senkt und auf winterlichen Strassen hinschaut, wo man hintritt ist. Noch besser aber wäre es, wenn wir immer wieder mal den Blick heben für den aufrechten Gang: Weihnachtsschokolade und dazu noch Menschenwürde. Den Durchblick auf das Grosse. Vielleicht ist das Große gar nicht soweit weg vom Kleinen. Vielleicht ist es manchmal nur eine Fortsetzung dessen, was wir klein begonnen haben.

b) WÜRDE: Beschäftigen wir uns zuerst mit dem Kleinen. Wir leben in diesen Tagen auf glückliche Weise beschränkt. Wir schauen auf die nächsten Schritte und die nächste Erledigung. Auf Zettellisten werden erleichtert Posten abgehakt. Aber sogar im Kleinen schadet uns das erhobene Haupt nicht, denn es darf ein Stück Stolz bedeuten: Erhobenen Hauptes sind wir Menschen, die auch im Bereich der menschlichen Nettigkeiten und Wichtigkeiten weder etwas falsch machen, noch etwas verpassen können. Und sollten Sie dann durch irgendeine irrsinnige Fügung des Schicksals tatsächlich vergessen haben Ihre Gans, das Reh oder den Lachs für Weihnachten zu bestellen, dann wäre gar nichts verloren. Weihnachten wird kommen: **Seht also auf und erhebt eure Häupter, weil sich eure Erlösung naht.** Da könnt ihr nichts machen und das ist gut so! Es klingt einfach und banal, aber muss gerade in dieser Einfachheit gesagt werden: Inmitten der tausendfachen Rufe von „jetzt noch wechseln“ (die Kfz-Versicherung, die Geldanlage). „Nicht vergessen“ (die schönsten Kleinigkeiten zu Weihnachten), „jetzt noch abschließen“ (den Bausparer oder die Geldanlage), inmitten dieser Rufe darf man, muss man jenen anderen Ruf zu Gehör bringen, der nicht nur den Verbraucher und Einkäufer meint, sondern den ganzen Menschen: **Dann seht auf und erhebt eure Häupter, weil sich eure Erlösung naht.**

Wir sind Gott sei Dank nicht auf das beschränkt, was wir in diesen Tagen noch schaffen (oder auch nicht schaffen). Wir sind mehr wert! Mit diesem trotzigen Widerwort betreten wir den Bereich der Menschenwürde. **„Erhebt Eure Häupter“**. Es geht im Advent um das „Menschliche“. Es beginnt im Kleinen. In diesen Tagen ist Menschlichkeit auf allen Strassen und in allen Gazetten zuhause. Das Menschsein wird sogar zur abendlichen Unterhaltung: Spendengala von Placido Domingo und Weihnachtsoratorium für die Gebildeten unter den Weihnachtsfreunden. Durch all das werden wir auf die Spur unserer Menschlichkeit gebracht. Wir wissen natürlich: Menschlichkeit ist noch soviel mehr. Menschlichkeit ist mehr als saisonbedingte Nettigkeit und Rührseligkeit.

Erhebt Eure Häupter. Diese Worte tragen Stolz. Menschlichkeit hat etwas mit Stolz zu tun. „Hier bin und darf ich Mensch sein“. Hier habe ich als Mensch und Christ auch Verantwortung und Aufgaben in einer Welt mit ihren Problemen. Das ist die stolze Menschenwürde, die uns durch die Adventszeit begleitet. Am Ende der Adventswochen wird sie ins Undenkbare überhöht und ins Große wachsen, denn Weihnachten ist nicht nur ein Unabhängigkeitstag des Menschen. Weihnachten ist viel mehr, nämlich die Liebeserklärung Gottes. Viel mehr als unser eigener Stolz macht uns die Liebe Gottes und anderer zu Menschen. Die Liebe Gottes wird uns neue und viel weitere Würde verleihen, so sagen und glauben das die Christen. Also: **Dann seht auf und erhebt eure Häupter, weil sich eure Erlösung naht.** Das ist das Große.

c) SCHOKOLADE: Kommen wir nach dem Ausflug ins Große wieder zurück zum Kleinen, zu dem was wir haben, hier erleben, was gerade dran ist. Zurück auf die Erde… Ich meine:

Das Lob der Schokolade! – oder die Freiheit der Christenmenschen

Die Adventszeit ist die Zeit der kleinen und heimatlichen Winkel. Gerade in dieser Zeit wollen wir nicht unbedingt hinaus in die Welt. Wir wollen viel lieber zurück in die Kindheit. Ist es nicht so? Und das steht uns auch zu! Jener stolze Satz vom erhobenen Haupt bedeutet nicht, dass wir in ständiger Christenbereitschaft leben müssen. Die kleinen Adventsfluchten sind uns erlaubt. Ja – wir dürfen jeden Lebkuchen genießen, insofern das mit unserem persönlichen Diät- oder gar

Fastenplan zusammenpasst. Esst also Schokolade und fastet mit erhobenem Haupt einmal von jenem ständigen Entwicklungs- und Wachstumsdruck, der uns in der Adventszeit ständig verordnet wird. Nicht nur die Wirtschaft, sogar die Kirchen sagen uns ständig, dass wir in dieser Zeit etwas Besonderes und auf jeden Fall mehr als im letzten Jahr erleben sollten. Lassen wir „die Seele baumeln“. Das gehört zum erhobenen Haupt.

Sehen Sie – ich bin lutherischer Pfarrer. Ich kann und will Ihnen nicht sagen, was Sie alles noch machen müssen oder was sie schon versäumt haben. Oder wohin sie noch sollten. Mein Kerngeschäft ist das Evangelium und das sagt: Alles schon getan, alles schon erledigt**. Das einzige was du brauchst in diesen Tagen ist der Glaube oder die Sehnsucht und vielleicht noch die kleine Ahnung, dass die Antwort in so einem Haus wie einer Kirche, bei so einem wie Christus zu finden sei**.

d) Lassen Sie mich aufhören mit einem ausnahmsweise mal sehr theologischen Schlussakkord. Es ist mein letzter Satz zur Frage, wie wir denn die Welt der Weihnachtsschokolade und die der Menschenwürde in Eines denken könnten. An Weihnachten feiern wir, dass der Himmel zur Erde kam. Wir feiern, dass Gott in Christus Mensch wird. Damit sind Trennungen vom Einen und dem Anderen aufgehoben. Wegen dieser Menschwerdung Gottes können wir die Seele nun baumeln lassen. Wir können einmal in der einen und dann wieder in der anderen Welt zuhause sein. Weihnachtsschokolade und Menschenwürde zusammen, das Undenkbare wird möglich.

AMEN

4. 1. Johannes 5,1-4: Starke Marke - Jesus und seine leichten Gebote

4.1. Kontextualisierung: Wenn Predigten gute Berichte aus dem geschöpflichen Leben sein wollen, dann sollten sie vermeiden, das Christliche in Differenz zur Welt zu setzen. Natürlich haben Christen in der Welt ein eigenes Profil und der Glaube hat ein ganz eigenes Lebensangebot. Ist dies aber Berechtigung für eine Art exklusiver Meinungsführerschaft oder für die Behauptung einer in sich geschlossenen und stimmigen Lebenswelt? Diese Predigt wurde in durchaus aufgeregter Zeit gehalten. Hatte die damals neue Ratsvorsitzende der EKD Margot Käßmann noch an Neujahr mit deutlichen Worten zum Afghanistaneinsatz („Nichts ist gut in Afghanistan“) Aufmerksamkeit erregt, so musste sie kurze Zeit später wegen einer Alkoholfahrt im eigenen Wagen zurücktreten. Zu diesen aktuellen Bezügen behandelt die Predigt ein altes, unevangelisches Missverständnis, nämlich das vom „Kampf des Glaubens“, bzw. dass Glauben etwas mit Tapferkeit zu tun habe.

4.2. Predigt: Liebe Gemeinde,

a) Ich möchte Sie heute überraschen mit einer ungewohnten Botschaft: **Gottes Gebote sind nicht schwer!** Eigentlich haben wir es doch anders gelernt. Von unseren Großmüttern, gestrengen Pfarrherren und in manchen Predigten. Oft im Leben ist es auch besser, wenn man die Zähne zusammenbeißt und weitermacht, gerade dann wenn es nicht leicht fällt. Da mag befremdlich erscheinen, was wir heute aus dem 1.Johannesbrief hören: Dort heißt es nämlich, dass der Glauben ganz anders ist als wir es uns oft in unseren tapfersten und glaubensstarken Momenten vorstellen: ….Der Glaube **ist von Gott geboren; und wer den liebt, der ihn geboren hat, der liebt auch den, der von ihm geboren ist. 2 Daran erkennen wir, dass wir Gottes Kinder sind, wenn wir Gott lieben und seine Gebote halten. 3 Denn das ist die Liebe zu Gott, dass wir seine Gebote halten; und seine Gebote sind nicht schwer. 4 Denn alles, was von Gott geboren ist, überwindet die Welt; und unser Glaube ist der Sieg, der die Welt überwunden hat.**

Gottes Gebote sind nicht schwer und der Glaube ist ein Sieg, der die Welt überwunden hat! Worte wie Schlagzeilen. Eine solche Sprache kennen wir sonst nur aus der Werbung. Glauben ist schön und macht Spaß. Ist nicht schwer und kein harter Weg. Gebote sind leicht und der Glaube ist ein Sieg. Glauben können, das ist wie die Platinkarte in der Tasche, die den Weg freimacht. Wer an Jesus glaubt, hat es mit Gott zu tun, hat eine Haupt- und Standleitung zum Chef der Welt, zu Gott. Ja das ist Glaube: Nicht wirklichkeitsfremde Religion, nicht verzweifelte Sinnsuche, sondern Umgang mit Gott und ein Sieg über die Welt. Der Johannesbrief ist ein Temperamentsausbruch wie er uns evangelischen Franken fremd ist. Als moderner Mensch hält man sich in Sachen Glauben sowieso ganz gerne bedeckt und spricht von einer Privatsache. Der Johannesbrief aber kommt uns mit ungezügelter Begeisterung und einer starken Werbebotschaft entgegen. Ganz oder gar nicht. Leben aus vollen Zügen. Die Besten sein. Unbescheiden.

b) Mit Jesus - Stark auf dem Markt!

Man muss das verstehen: Zur Zeit der ersten Christen gab es viele religiöse Angebote, viele Kulte und Glaubensüberzeugungen. Man ging in den Tempel der Fruchtbarkeitsgöttin, wenn man sich größere Kürbisse erhoffte und überhaupt Regen fürs Feld. War man krank, so gab man ein Opfer für den Gott Äskulap. Schmerzte das Bein, dann brachte man ein kleines goldenes Abbild des Fußes oder des Knies und gab es beim Priester ab. An Festtagen führten

Theaterstücke das Leben im Himmel vor. Geheimnisvolle Kulte wie der des Mithras regierten die Welt. Man musste sich bei Ihnen qualifizieren, Lehrlingszeiten und Dienste absolvieren. Sie versprachen dann auch, dass man ein ganzes Stück unabhängiger sei von der Welt und ihren Zwängen. Der neue Christenglaube aber war anders. Das wollten die Apostel sagen. Mit solchem Kleinkram gaben sie sich nicht ab. Ihre Botschaft war: Ihr habt mit Gott direkt zu tun. Ihr müsst euch nicht anstrengen und seid genauso willkommen, wie ihr seid. Und außerdem habt ihr die Welt mit ihren Problemen und Nöten überwunden. Keine Leisetreterei. Ein klares und unverwechselbares Profil hat das Christentum auf dem Markt der Religionen.

Mir gefällt dieses starke Profil, dieser Stolz auf die eigene Marke, den jeder von BMW oder Mercedes verstehen würde. Warum nicht auch einmal bei den Christen. Ich möchte also in allem, was die Stärke und die Freude am Glauben betrifft dem Apostel Recht geben. In der Tat sind die Gebote Gottes leicht. Schauen wir doch nicht nur auf die Gebote, die wir verletzen, sondern auf diejenigen, die uns schwerelos und unbewusst durch unseren Alltag tragen: Die Gebote der Nächstenliebe, vom guten Umgang der Generationen, die Gebote auf Ehrlichkeit und das Einhalten des Sonntages. Ja, Gottes Gebote sind in der Tat eine Bereicherung des Lebens. Wäre schön, wenn wir nicht immer nur klagen würden, wie schwer und unmöglich es sei, alle Gebote immerzu zu erfüllen... Ich frage mich, ob wir lernen können oder sollen von jener Begeisterung des Johannesbriefes. Und merke, dass es dann doch nicht so einfach ist. Es gibt ja genug Christen, die locken mit Sätzen wie: Wer glaubt, wird glücklich. Wer glaubt, hat Erfolg. Wer glaubt, hat keine Probleme mehr. Immer wenn ich einen Hochglanzprospekt mit Bildern christlich, glücklicher und stets wohlhabender Familien sehe, immer dann fühle ich mich dann plötzlich wieder wohl bei der etwas verhaltenen Art der Volkskirche und natürlich auch der fränkischen zurückhaltenden Protestanten.

c) Brennen für die Marke Jesus?

Und dann ist es mir doch wieder nicht genug. Ich bin nämlich überzeugt, dass wir als Christen immer wieder mal auf das Ganze gehen sollten. Lassen Sie mich konkret werden: Unverständlich ist mir manche kirchliche Leisetreterei. Knapp 4 Monate nach der mutigen Neujahrspredigt von Margot Käßmann zu Afghanistan und 8 tote Soldaten später höre ich weder eine Mahnung, noch ein anderes ernsthaftes Wort der Kirchen zur Lage. Es sieht so aus als wäre für die Kirche doch „Alles Gut in Afghanistan". Woher sollen die bedächtigen und mahnenden Worte denn kommen, wenn nicht von denen die im Glauben die Welt und ihren Streit überwinden können? Wo ist die Phantasie für den Frieden, wen nicht bei denen, die Frieden mit Gott haben? Und wenn wir die nicht haben, warum warnen wir nicht einfach, dass Menschen sich an das Reden vom Krieg und an die Nachrichten von der Front gewöhnen und abstumpfen.

Warum setzen wir gegen diese Gebote nicht selbstbewusst die Botschaft Jesu: Selig sind die Friedfertigen! Fehlt uns da der Mut? **Ihr habt es mit Gott zu tun. Seine Gebote sind nicht schwer. Die Welt habt ihr überwunden**... Was mir wehtut für Glauben und Kirche, ist der Verlust einer großen Vision und Weite. Was mich besorgt, ist die ungenutzte Möglichkeit für ein gutes Selbstbewusstsein, das sich nicht gegen andere Menschen richtet, sondern für sie das Beste will. Dabei sei klargestellt, dass die große Vision nicht nur aus markigen Sprüchen einer Werbesprache oder einer „Kriegsrhetorik des Glaubens" besteht, sondern vielschichtiger ist als wir es denken. „Ich kann nicht tiefer fallen als in die Hände Gottes." Als die ehemalige Ratsvorsitzende im Moment des persönlichen Scheiterns diese Worte anbot haben viele Menschen in Deutschland verstanden, worum es geht. Neben den starken Sätzen einer Kanzelrede gehört zu dieser Weite eben auch das Gefühl, dass ich persönlich gut aufgehoben bin. Gut aufgehoben sein, das kann man nie halb. Das geht nur ganz oder gar nicht. Wie die Liebe.

d) Ziel erreicht

An dieser Stelle wendet sich alles von der großen Kirchenkritik zum Persönlichen. Für Aufgehobensein und die Hilfe durch den Glauben sind nicht nur Institutionen oder kirchliche Würdenträger verantwortlich. Da können wir sehr viel privat tun. Wir können die große Weite Gottes in unserem ganz begrenzten Lebensumfeld sichtbar machen. Wenn ältere Menschen Gelassenheit und Lebensfreude ausstrahlen und sich dabei auf lebenslange Glaubenserfahrungen beziehen, dann geschieht so etwas. Wenn Christen geduldig, ohne große Ansprüche, sondern ganz nahbar auf Menschen zugehen, dann tut sich mitten unter uns Weite auf. Die ersten Christen waren erfolgreich und hätten nicht überzeugt, wenn sie nicht auch in den kleinen Dingen des Alltags jene Weite Gottes gehabt hätten. Manch gesellschaftliche Barriere fiel dort, Fremde wurden bereitwillig aufgenommen, neue Lebensformen ausprobiert. .... Man konnte sie beim Wort nehmen. Man sah, nicht immer, aber immer wieder, dass sie Kinder Gottes waren und die Gebote nicht schwer. Vielleicht gelingt es uns auch ab und zu so zu leben. AMEN

5. Epheser 2,4-10: Das haben Sie sich verdient!

5.1. Kontextualisierung: Der markante Slogan eines Reiseveranstalters reizt mich schon lange. Wo anders wäre er besser platziert, als in einer Predigt unmittelbar vor dem Ferienanfang. Und warum sollte eine Predigt über Sommer, Sonne, Strand und Meer nicht einmal an den großen Sabbat herantreten dürfen, den Gott in Sachen Werkgerechtigkeit über uns ausgerufen hat!

5.2. Predigt: Liebe Gemeinde,

a) „Jingle"[64]

das haben Sie sich verdient! Kennen Sie diese Fernsehwerbung? Ein Strand, ein Hotel, Sommer, Sonne, alles prima. Wenn man sich dann fest gesogen hat in den Bildern, dann kommt der Spruch: Das haben sie sich verdient! „Das haben sie sich verdient" und wir denken uns: Stimmt. Wir arbeiten, wir strengen uns an. Das haben wir uns verdient. Ja.

Ein bisschen Ruhe, Lebensqualität – das haben wir uns verdient. Das dürfen wir uns erwarten. Natürlich auch hier in der Kirche. Unser Kirchenmusiker spielt noch einmal wie entfesselt, bevor er mit seiner Frau in den Urlaub fährt, den sich beide verdient haben. Vorher zum krönenden Abschluss des Gottesdienstes noch ein Orgelwerk zum Ausgang, das haben WIR uns verdient.

Immer wenn ich diesen Spruch höre, dann freue ich mich: Das haben Sie sich verdient. Diese Worte zeigen viel Respekt vor dem, was die Leute leisten und noch mehr freue ich mich, wenn mir bewusst wird, dass ich ihn überbieten kann und zwar locker. Hören Sie mal, was ich heute für einen Predigttext habe, den kriegen Sie jetzt, ob Sie ihn verdient haben oder nicht!

**4 Aber Gott, der reich ist an Barmherzigkeit, hat in seiner großen Liebe, mit der er uns
geliebt hat, 5 auch uns, die wir tot waren in den Sünden, mit Christus lebendig gemacht -
aus Gnade seid ihr selig geworden 6 und er hat uns mit auferweckt und mit eingesetzt im
Himmel in Christus Jesus, 7 damit er in den kommenden Zeiten erzeige den
überschwänglichen Reichtum seiner Gnade durch seine Güte gegen uns in Christus Jesus.
8 Denn aus Gnade seid ihr selig geworden durch Glauben, und das nicht aus euch: Gottes
Gabe ist es, 9 nicht aus Werken, damit sich nicht jemand rühme. 10 Denn wir sind sein
Werk, geschaffen in Christus Jesus zu guten Werken, die Gott zuvor bereitet hat, dass wir
darin wandeln sollen.**

b) Schon bezahlt !

Liebe Gemeinde, nicht nur, dass wir es uns schon verdient hätten! Es ist sogar schon bezahlt! Barmherzigkeit und Gnade Gottes haben offene Rechnungen ausgeglichen. Davon schreibt der Epheserbrief. Alles schon bezahlt! Das ist mir einmal passiert, dass ich im Restaurant zahlen wollte und jemand hatte schon bezahlt ohne, dass ich es mitbekommen habe. Es ist schön, wenn man mal was geschenkt bekommt. Es ist auch wichtig, dass man mal im Leben was geschenkt

[64] Werbesignal durch Ton, Musik, Kurzwerbung, Aufmerksamkeitserreger

bekommt. Wenn wir solche Sätze sagen, dann denken wir oft an Lottogewinne, Gutscheine, was auch immer. Mir schenkt keiner was, so klagt Mancher.

Gott schenkt uns Barmherzigkeit und Gnade. Da stellt sich nun die Frage: Brauchen wir das? Oder ist das ein Geschenk, wie man sie manchmal bekommt und dann denkt: Schön, aber wozu? Ich biete Ihnen an: 50.000.- Euro oder die Gnade Gottes – was würden Sie nehmen? Also ich weiß, was ich gerade richtig gut brauchen könnte. Ich habe auch gar kein Gefühl, dass ich ständig Gottes Barmherzigkeit und Gnade brauche. Ich komme ganz gut zurecht. Meine Fehler, die ich habe, die versuche ich halt abzuschaffen. Insgesamt aber lebe ich ziemlich entspannt mit diesem ganzen Thema. Ich habe keine Angst weder vor der Hölle und noch vor dem jüngsten Gericht. In dieser Gelassenheit könnte ich allerdings übersehen, dass sie selbst die Frucht jenes Gottesgeschenks aus Gnade und Barmherzigkeit ist. Da geht es mir gut als evangelischer Christ, fast 500 Jahre nach der Reformation.

Für die ersten Leser des Epheserbriefes war das noch anders. Da war es noch so: Man hatte doch immer irgendwie das Gefühl einer Abhängigkeit von den Mächten des Himmels. Wenn man ein entspanntes Leben haben wollte, dann musste man diese Mächte besänftigen. Man musste religiöse Gesetze befolgen. Es war sinnvoll, regelmäßig den Tempel zu besuchen und dort Opfer abzugeben. Der Mensch immer von jemandem abhängig: Von den Göttern und wenn nicht das, dann von Kaisern, vom Wetter.

Da geht es uns gut: Götter, die uns helfen müssten, kennen wir nicht. Kaiser haben wir keinen mehr und wollen den alten Wilhelm auch nicht wieder haben. Der andere Kaiser (Beckenbauer) hatte in München gestern sein Abschiedsspiel. Nur das mit dem Wetter, das macht uns gerade Sorgen. Waldbrände und Fluten stören das Gefühl der Entspanntheit, nicht etwa weil sie uns unmittelbar gefährden, sondern weil sie Boten einer größeren Bedrohung sein könnten. Aber letzten Endes leben wir doch meist ohne Angst und wir bekommen eine solche Unbekümmertheit vom Epheserbrief bestätigt: Nur Gutes vom Menschen. Wir sind Gottes Werke. Wir können gut und menschenfreundlich miteinander umgehen. Wir alle sind lebendige, atmende, liebesfähige Menschen. Wenn man das hört, fragt man sich, warum denn die Kirchen seit Jahrhunderten dem Menschen immer einen Spiegel vorhalten: Ihr seid schlecht. Das und das macht ihr falsch. Ihr müsst euch noch mehr anstrengen und so weiter und so fort. Aus Rom höre ich, dass die Menschen orientierungslos sind. Es ist ein unendliches und manchmal unerträgliches Jammern über den Zustand des Menschen. Für alle, die es nicht mehr hören wollen, hat der Epheserbrief eine andere Botschaft.

c) Gotteskraftwerke

Ihr seid lebendige Gotteswerke. Ihr seid Gottes-Kraftwerke für die Welt. Geschaffen zu guten Werken und selig seid ihr. Ich finde, das haben wir uns verdient, dass mal jemand so mit uns spricht. Es geschieht zu selten. Solche ermutigenden und wertschätzenden Worte hören wir selten. Ob aus dem Bundeskanzleramt oder aus dem Bischofspalais, ständig sagt man uns, dass wir uns alle noch ein bisschen mehr anstrengen sollen, weil die Zeiten ja so hart sind und weil wir noch nicht genug getan hätten.

Ich gehe als Pfarrer seit 26 Jahren durch Gemeinden und Häuser und treffe da Menschen, die sich anstrengen, die ernsthaft versuchen, etwas Gutes aus Ihrem Leben zu machen. Sie tun das nicht nur für sich selbst, sondern auch für Ihre Familien, Freunde und Nachbarn. Oft bekomme ich Einblicke in kleine Heldengeschichten von Familienliebe, Treue oder Nachbarschaftshilfe. Es wird viel Gutes übersehen: Das ist ein echtes Problem. In unserer Gesellschaft bekommt jemand der einen Ferrari fährt mehr Respekt, als jemand der seinen kranken Ehepartner über Jahre pflegt. Um so mehr sage ich bewusst: Wir sind kleine Gottes-Kraftwerke und tun was wir können.

„Ihr müsst euch nicht noch mehr anstrengen. Es ist gut, was ihr macht. Ihr habt unglaubliche Ressourcen neu und gut zu leben“. So spricht uns die Bibel über fast 2000 Jahre hinweg an. In diesen Zeilen steckt Stolz auf die Möglichkeiten des Glaubens. Die ersten Christen haben sich bei aller Demut als Menschen mit besonderen Möglichkeiten begriffen. Dabei sind sie sich nicht besser als andere vorgekommen. Ein altes frommes Lied sagt das so unübertrefflich: Besser sind wir nicht, aber besser sind wir dran! Besser dran und ausgestattet mit besonderen Möglichkeiten und Lebensperspektiven sind auch wir, wenn wir die Worte aus dem Epheserbrief annehmen können: Ihr seid schon gut. Ihr seid von Gott gemacht. Lebendig müsst ihr nicht erst werden, sondern ihr seid es schon. Habt Freude und nutzt eure Zeit zum Glauben, zum Hoffen und zum Lieben. Die Rechnung ist bezahlt. Lebt und Genießt.

d) Energie für neues Leben

Im Epheserbrief sind Worte aufgehängt wie Leuchten und Strahler in dieser Kirche. Sie erzählen vom guten Leben, von guten Werken, von überschwänglichem Reichtum. Im Licht dieser Woche verblassen dunkle Gedanken an Sünde, Versagen und Schwäche. Im Licht dieser Worte verschwinden die Grenzen und es öffnen sich neue Perspektiven. Da kann es noch so viele Erfahrungen menschlicher Inkompetenz geben im privaten wie im politischen oder ökologischen Bereich. Der Epheserbrief sieht immer noch Möglichkeiten: Irgendwas geht immer.

Fragt sich also nun ganz zum Schluss, was wir denn daraus machen können aus dieser guten Nachricht an Zuversicht. Zuerst einmal warne ich vor unnötigem Stress. Man könnte sich ja nun denken, welche haushohen Leistungen, überschwänglich guten Werke wir nun zu bringen hätten angesichts solcher Steilvorlagen Gottes. Nach dem Motto: Schau mal, was Gott für dich getan hat und was machst Du draus? Diesen Druck möchte der Epheserbrief auf jeden Fall vermeiden: Gute Werke sind möglich, aber nicht nötig. Sie werden sich wie ein kleines Wunder von selbst ergeben, denn sie sind von Gott vorbereitet wie Samen in der Erde.

Das bedeutet nicht, dass wir den lieben Gott einen guten Mann sein lassen und unsere Tage verschlafen: Ganz im Gegenteil. Ehrgeiz, Leistungswille, Kraftanstrengungen aller Art sind ein Ausdruck unserer Lebensfreude. Einer Lebensfreude von der wir sagen, dass sie nicht nur aus uns kommt, sondern, dass Gott sie gewollt und vorbereitet hat und in uns hineingelegt hat wie Samen in die Erde... Er meint: Das hätten wir uns verdient...

Zu dieser Lebensfreude gehört, dass wir Dinge tun, nicht weil wir sie tun müssen, sondern weil wir sie tun wollen. Ohne einen weiteren Gedanken an Seelenheil und Errettung. Weil es Spaß macht, weil es uns leicht fällt, nie „um des Himmels willen“, aber immer aus Liebe. Das macht uns menschlich, wenn uns die Liebe antreibt und nicht die Angst vor Göttern oder Höllenstrafen. Das macht uns auch stolz und stark. Und, erlauben Sie mir das als Schlusswort: Stolze, phantasievolle, kräftige Menschen, das ist es was unsere Welt für eine gute Zukunft braucht. AMEN

6. 2. Korinther 9,6-15: Gnadenrechnungen / Erntedank

6.1. Kontextualisierung: In unserer zentralen Innenstadtkirche werden am Erntedankfest zusammen mit dem 3.Welt Laden Themen zur weltweiten Gerechtigkeit bearbeitet. Im Kirchenraum befindet sich dann eine Ausstellung. Die Perikope zum „fröhlichen Geber“ gewinnt in diesem Kontext fast eine globale Weite. Gleichzeitig ist das Thema der Spenden aber von Subtexten der Verdienstlichkeit zu trennen. Die innere Haltung des Gebers steht dann mehr im Mittelpunkt als die Höhe der Gaben. In den Tagen der Predigt wird die Welt übrigens wieder einmal von einer Finanzkrise erschüttert. Die Öffentlichkeitsarbeit des 3.Welt Ladens und die Bilder der Ausstellung stehen in einem fast absurden Kontrast zu den Nachrichten Millionenschwerer Rettungspakete für Not leidende Bankinstitute.

6.2. Predigt: Liebe Gemeinde,

a) „Einen fröhlichen Geber hat Gott lieb.“ Schreibt der Apostel Paulus. „Einen fröhlichen Geber hat Gott lieb.“ Das hören wir von all den achtenswerten Institutionen, die uns an den Geldbeutel wollen. Einmal in der Woche gehe ich durch unsere Kirche und räume Prospekte ab. Es handelt sich um Blätter mit Spendenbitten. Sie sind mir fehl am Platz: Eine Kirche ist ein Haus des Gebets und der inneren Einkehr. Sie ist kein Ort zur Anwendung von Spenden. Trotzdem weiß ich: Es braucht viele fröhliche Geber, vor allem in einer Welt in der Lücken klaffen.

Es sind aber genau die Lücken unserer Welt, die uns oft die Freude am Geben nehmen. Manchmal wird die fröhlichste Gabe von einer kleinen Bitterkeit begleitet: Warum denn die Probleme nicht von denen angepackt werden, die sie effektiver lösen können? Warum denn mit kleinen Spenden flick schustern, wenn es anders ginge. Der slowenische Philosoph Slavoj Zizek bringt es in seinem Buch „Auf verlorenem Posten“[65] auf den Punkt: Die Rettung bedrohter Tierarten, die Rettung von Aids Patienten oder Kranken, die aufgrund des Mangels an Geld sterben, die Rettung verhungernder Kinder – das alles kann ein bisschen warten, aber milliardenschwere Rettungspakete für den Finanzmarkt können innerhalb von Tagen geschnürt werden.

Aber trotzdem warten Menschen in Afrika auf fröhliche Geber, die Ihnen Medikamente bezahlen, die eigentlich nur ein paar Eurocent kosten. Menschen in Pakistan warten drauf, dass sich das Diakonische Werk auf den Weg macht und Pumpen aufstellt mit denen Dorf für Dorf das Hochwasser abgepumpt werden kann. Und die Bauernvertreterin Pamila Panda aus Indien wirbt hier in Erlangen mit Hilfe des 3.Welt Ladens um fröhliche Geber, die Saatgut bezahlen, Schulen einrichten helfen und mehr.

b) Spenden und Urgemeinde

„Einen fröhlichen Geber hat Gott lieb.“ So schrieb der Apostel Paulus vor fast 2000 Jahren und wir ahnen, dass es schon immer eine Diskussion gegeben hat um das Spenden. Schon damals hat es wohl manchen unwilligen oder schlechtgelaunten Geber gegeben. Alles ganz normal. Aber die ersten Christen hatten sich ein Ziel gesetzt. Das Qualitätsmerkmal ihrer jungen Religion war, dass man nicht nur zum Beten ging, sondern sich auch kümmerte. Man sorgte für Witwen und Waisen. Man beschäftigte sich mit Gescheiterten. Man pflegte Kranke. Lange Zeit vor der gepriesenen sozialen Marktwirtschaft wäre den ersten Christen nie eingefallen, mit Unwillen von solchen sozialen Aufgaben zu reden. Wie man mit Ihnen umging, das war ein

[65] Nach ZIZEK Slavoj, Auf verlorenem Posten, Frankfurt 2009

wichtiges und ein freudiges Zeichen nach außen. Deshalb sind Apostelbriefe und Apostelgeschichte voll mit frohen Geschichten um Spenden und Diakonie in der Gemeinde.

Es war nicht leicht, Jesu Ideen umzusetzen und zu organisieren. Je größer die Kirche wurde, desto schwerer. Wir lesen davon, den Streit der Apostel um die ersten Kollekten eingeschlossen. „Einen fröhlichen Geber hat Gott lieb." Schreibt der Apostel und es geht ihm wirklich ums Geld. Er braucht es für die verarmte Muttergemeinde in Jerusalem. Er möchte Kollekten machen und Geld fließen sehen. Und während wir seine eindringlichen Worte hören merken wir, dass es am Ende dann doch nicht nur um das Geld im Kasten geht, sondern um mehr.

c) Seelendiagnose: Denn Paulus zieht eine große Linie von dem Groschen aus unserer Hand hin zur Liebe Gottes. Mit wohl kalkulierter Unbefangenheit wirft Paulus Worte in die Runde, die eigentlich nichts miteinander zu tun haben: Geben, Gnade, Fröhlichkeit, Geld und Glaube. Damit öffnet er zuerst einmal die Tür zu einem bis heute kultivierten gefährlichen Missverständnis. „Wenn das Geld im Kasten klingt, die Seele in den Himmel springt..." Grenzen wir uns ab gegen überzogenes Spendenmarketing auch in unserer Kirche, gegen jede Übertreibung und vor allem gegen jede Verknüpfung von Spendengaben und Seelenruhe.

Solche Übertreibungen müssen wir gerade deshalb meiden, weil es beim Spenden um mehr geht als um Geld und die Förderung guter diakonischer Gelegenheit. Beim Zählen der Kollekte schaut der Apostel nicht nur in den Kasten. Er schaut den Menschen auch ins Gesicht oder – besser noch – er schaut Ihnen ins Herz. Wie ein Seelenarzt diagnostiziert der Apostel innere Zustände daran, wie sich die Hand öffnet. Nicht was in ihr liegt, sondern daran, wie sie sich öffnet. Bei aller Sorge um das Geld sieht Paulus in die Menschen hinein, denn darum geht es ihm ja. Letzten Endes ist ihm dann doch der Mensch wichtiger und deshalb, nur deshalb darf er das Geld und die Gnade Gottes verbinden: Die Art wie Ihr gebt und Eure Freude dabei, ist das nicht doch verbunden mit der Gnade Gottes? Weiß Eure Hand eigentlich, was Gott mit Euren Seelen getan hat? Kann Eure Hand weitergeben, was Gott an Frieden und Gnade in Euer Leben gesät hat? Bemerkt ihr Euren Nächsten in seiner Not, so wie Gott Euch bemerkt hat? „Einen fröhlichen Geber hat Gott lieb." Plötzlich wird das Geben zur großen Seelendiagnose der Gesellschaft und der Gläubigen.

„Glück kommt nicht von allein." So heißt eines der meistgelesenen Bücher des letzten Jahres. Es wurde geschrieben von dem Arzt Eckardt von Hirschhausen, der das Land als Komiker therapiert. Der fröhliche Geber verfügt seiner Meinung nach über so manche Zutat zum Glück, weil er Dinge tun und lassen, besitzen oder verschenken kann und weil er andere Menschen sieht. Eine fröhliche und leichte Diagnose über Heilungs- und Heilsmöglichkeiten ist das. Und es geht schon lange nicht mehr um das Geld. Wir sind wieder bei unseren Herzen.

Gehen wir also zum Apostel wie zu einem Arzt, der uns erinnern kann an die Spuren der seelischen und menschlichen Gesundheit: Wir leben vom Reichtum der Gnade Gottes. Lassen wir uns von ihm auch nachdenklich machen: Die Spendenlage in unserem Land ist nicht nur eine Frage des Überlebens guter Projekte. Sie ist eben auch eine Seelendiagnose der Gesellschaft. Das ernüchternde Ergebnis lautet heute: Eine reiche Gesellschaft in der das Abgeben so eine unlustige Presse hat wie bei uns, die ist im Inneren arm.

d) Abrechnungen

Arme, reiche Welt: Man kann diese beunruhigende Seelendiagnose des Paulus nicht hinter der bunten Dekoration des Erntedankaltares verstecken... Vor einigen Wochen trafen sich die Regierenden der Welt. Schon im Jahr 2000 hatten Weltbank, Vereinte Nationen und die Organisation für wirtschaftliche Zusammenarbeit mit Nichtregierungsorganisationen Ziele formuliert für eine friedliche Entwicklung der Menschheit: Dabei ging es um Armut, Hunger, Bildung, Trinkwasser und Gesundheitsfürsorge. Bis 2015 sollten spürbare Fortschritte erreicht werden. Doch man ist weit hinter dem Plan. Ich habe es ausgerechnet: In der Zeit in der wir hier Gottesdienst feiern verhungern etwa 1000 Menschen, 750 davon Kinder. Kein Grund zur Eile? Ich wundere mich, dass sich immer noch keine echte Aufregung breit macht über die mangelnden Fortschritte. Ich wundere mich über Interesselosigkeit und Gefühllosigkeit zu diesen Dingen, während aufgeregt um 5.- Euro Erhöhung bei Hartz IV diskutiert wird. Nein, ich wundere mich nicht: Ich finde diese Diskussion unanständig und bin empört, in einer Zeit in der Hypo Real Estate zum wiederholten Male 24 Milliarden Euro bekommt. Entschuldigen Sie mich bitte, wenn ich jetzt mal praktisches sage und geradezu dumm konkret werde... Für diese 24 Milliarden könnte man ca. 6 Millionen Hart IV Empfängen 16 Jahre lang den Satz nicht um 5, sondern um monatlich 20 Euro erhöhen.

Ich habe den Eindruck, dass wir nicht mehr rechnen können, dass wir Zahlen nicht mehr begreifen. Es ist ein ungewollter Tribut an gesellschaftliche Störungen, wenn man die Kanzel für eine solche Zahlendreherei missbrauchen muss. Aber Diagnose ist wenigstens von hier möglich. Ob es um die unterschiedlichen Geschwindigkeiten oder Größenordnungen bei der Rettung von Hungernden oder Banken geht, wir diskutieren im verfälschten Rahmen an der Wirklichkeit vorbei. Realitätsverlust ist ein erstes Zeichen für seelische Ungleichgewichte. Wenn Paulus die Chance hätte unsere Zeitung zu lesen, dann würde er hinter die Zeilen sehen und das Problem schnell erkennen.

e) Gnadenlogik

Weil sich Menschen schwer tun mit dem Abgeben, führt Paulus eine alternative Mathematik ein. „Einen fröhlichen Geber hat Gott lieb. Gott kann machen, dass die Gnade unter euch reichlich ist…". Das Wort von der Gnade ist ein Hinweis drauf, dass es neben der geradlinigen Logik der Mathematik auch noch andere Rechnungen des Lebens gibt. Wir brauchen diese Logik der Gnade Gottes als Ergänzung unserer Abrechnungen, damit wir nicht in den Zahlen verloren gehen. Darauf drängt Paulus und meint: Für uns als Christen ist es erste Pflicht zu zeigen, dass wir nicht nur gut rechnen können, sondern dazu auch Leichtigkeit und Fröhlichkeit im Umgang mit Geld und Besitz haben. Diese Leichtigkeit und Fröhlichkeit ermöglichen dann auch Gelassenheit, wenn der nächste crash kommt. Das Leben geht weiter.

„Einen fröhlichen Geber hat Gott lieb." Das Geben ist eine Frage der Zahlen, aber eben auch eine unserer Herzen. Wir wissen, dass das Erinnern an die Armen und Benachteiligten zu einem gesunden Leben dazu gehört. Wenn wir fröhlich und begeistert genug sind, dann reden wir nicht nur davon, sondern stellen wir Wände in der Kirche auf und dazu ein Plastikschwein. Zugegeben, das sieht alles ein bisschen hilflos aus. Aber ist ein gutes Zeichen, dass es mit uns noch in Ordnung ist. Die fröhlichen Leute haben Phantasie. Am Ende seiner Spenden- und Seentheorie führt Paulus neue Begriffe ein: Überschwänglich und Dank. Plötzlich gibt es Reichtum und Überfluss, vielleicht sogar Schätze im Himmel statt auf der Erde? Genug zum Abgeben. Das können wir mit bestem Gewissen und bei gesunder Seele genießen. AMEN

7. 1.Mose 22,1-13: Ein für allemal - Das Opfer des Isaak

7.1. Kontextualisierung: Zur Predigt steht einer der widerständigsten Bibeltexte an: Das Opfer Isaaks durch den Vater. Das Abrahamsopfer ist auch deshalb so schwierig, weil es eine Art Typos des Opfers Jesu durch den Vater auf Golgatha ist. Die Härte dieser Haltungen, die Unbarmherzigkeit der Väter wecken auch bei glaubenden Christen Widerstand. In der kirchlichen Tradition wurden diese Geschichten sozusagen „nach oben" in Satisfaktions- und Sündentheorien entschärft. Diese Auslegung versucht eine Begegnung im „flachen Land" ohne jede Möglichkeit zur Entzerrung der Geschichte. Das Opfer des Isaak ist dann eine Erzählung von schwierigen Erfahrungen mit Gott. Gleichzeitig empfehle ich einen, dem Geschichtsverständnis Foucaults geschuldeten Hörversuch: Wir sollten diese Geschichte so lesen, als hätten wir von Abraham, Opfern und Sünden noch nie etwas gehört. Sehr grundsätzliche Fragen zur Gerechtigkeit werden bei den Hörern in den Tagen vor dieser Predigt durch ein schweres Erdbeben in Japan, den folgenden Tsunami und die Reaktorkatastrophe von Fukushima ausgelöst.

7.2. Predigt: Liebe Gemeinde

a) Herausforderung: Das ist eine Geschichte wie ein Erdbeben, wie ein Tsunami, wie ein Kernkraftwerk außer Kontrolle. Sie ist gemacht, um uns ins Wanken zu bringen. Und bevor wir noch fragen, warum denn solche Geschichten in der Bibel stehen, hat sie uns schon eingeholt und alle Gefühle mobilisiert. Von Vätern, Messern, Söhnen und Blutopfern ist die Rede. Mit solch einer Geschichte hätten wir am liebsten nichts zu tun, denn sie stört den Sonntagsfrieden. Überlassen wir sie doch den Psychotherapeuten. Sie ist kein Balsam für die Seele. Sie weckt mehr Fragen, als sie beantwortet. Bange Fragen: Nach Gott, der solche Forderungen stellt und nach Vätern, die sich darauf einlassen.

Jedes Unwohlsein mit dieser Geschichte ist angemessen. Andererseits sind wir am Sonntag Judika mitten in der Passionszeit, als Christen letztlich Kinder einer solchen Geschichte, in der ein Vater den Sohn opfert. Vielleicht ist es genau die Opfergeschichte von Gott und Jesus, die es uns möglicht macht, gegen alle anderen Opfergeschichten dieser Art zu protestieren. Oder wir vergessen, wie leicht wir doch Opfer um eines guten Zweckes willen akzeptieren: Die 50 Feuerwehrleute in Fukushima, die sich verstrahlen lassen, die fast 50 Bundeswehrsoldaten, die bis heute in Afghanistan gefallen sind und andere mehr. In unseren Herzen hören wir den moralische Appell dieser Geschichte: Nie wieder Altäre, nie wieder Gründe und Rechtfertigungen für Menschenopfer.

Aber um die Moral von Opfern geht es schon lange nicht mehr. Für uns als Kinder der Passionsopfergeschichte ist diese Frage nämlich schon geklärt: Ein für allemal war der Tod Christi das letzte Opfer, das zwischen Mensch und Gott gebracht werden musste. Nach Christi Opfer kennt der Glaube keine Opfer mehr. Der Opfergedanke bleibt uns nur noch als Sprachbild gut gelebten Glaubens: Ich halte es mit Paul Gerhard: „Dankbare Lieder sind Weihrauch und Widder an welchen Gott sich am meisten ergötzt.“ Damit wäre alles gesagt – oder?

Doch immer noch steht diese Geschichte als Herausforderung vor uns. Wo wir nicht gleich verstehen, da müssen wir nachfragen und forschen. Wenn wir der Spur dieser Geschichte nachgehen wollen, dann hilft es zum Verstehen, wenn wir nur für einen kurzen Moment so tun, als würden wir gar nichts wissen von Christus, erledigten Opfern u.s.w. So als wären wir die ersten Hörer dieser Geschichte.

b) Klärungen

Wir können nämlich nicht ganz an der Tatsache vorbei, dass diese Geschichte in eine Zeit weit vor das alles erledigende Christusopfer zurückreicht. Die Bibel ist, vor allem im Alten Testament, auch ein Erinnerungsbuch an diese Zeit. Fast wie in einem alten Photoalbum sehen wir das Bild eines Vaters mit seinem Sohn. Wir sehen unsere Glaubensväter Abraham und Isaak auf dem Weg zur Opferstelle und wir ahnen, was Abraham durch den Kopf geht. Es ist sein schwieriges Geschäft mit Gott, diese Opfergeschichte. Aber, wie sagt man oft bei alten Bildern im Familienalbum: So war das damals. Niemand stößt sich damals an dieser Forderung Gottes. Die Götter der Nachbarn Israels sind Menschenopfer gewohnt. Es ist üblich, die Götter zu besänftigen. Vielleicht spüren die Menschen gelegentlich Machtlosigkeit, auf keinen Fall Empörung. Sie empfinden das nicht unbedingt als grausam oder als Einschränkung ihrer Freiheit. So ist die Welt halt - damals.

Es geht in dieser Geschichte um ein uraltes Thema der Menschheit. Wie gehen wir mit Göttern und Mächten über uns um? Können wir sie besänftigen oder wohlmeinend stimmen? Diese Geschichte zielt in das Zentrum menschlich religiöser Bemühung. Was sich hier zeigt, wird Folgen haben für den Menschen und seinen Glauben. Ziemlich am Anfang der Bibel klärt das AT wie es sich für den gläubigen Menschen verhält mit dem Opfern und mit seinem Gott.

Am Anfang gibt Gott sich so, wie man es erwarten darf. Fordernd, wenn auch mit gutem Grund. Jahrelang haben Abraham und Sarah gewartet, bis endlich das Kind wie ein Geschenk Gottes kam. Und nun will Gott Ihnen das Kind wieder nehmen. Abraham und Sarah machen eine Gotteserfahrung, wie sie viele Christen beschreiben. Gott gibt und nimmt nach seinem Willen, weit über das menschliche Verstehen hinaus. Einem solchen Gott kann es „gefallen“, Menschen aus dem Leben zu nehmen. Einen solchen Gott und seine Willkür muss man zähmen und besänftigen. Das ist ein beunruhigendes Bild und ich kann jedem Menschen nur wünschen, dass er auch schwierigste Lebenserfahrungen nicht im Rahmen dieses Gottesbildes deuten muss. Schicksalsschläge und die Opfer, die das Leben von uns fordert, dürfen keine Beweise für Gottes Macht über uns sein. Gott nimmt keine Opfer von uns. Das glauben wir und darauf vertrauen wir.

c) Auflösungen

Wie aber kommen wir zu der tröstlichen Gewissheit, dass Gott keine Opfer nimmt? Wie aber können wir glauben, dass unser tapferes Durchstehen von Schicksalsschlägen, Krankheiten und anderen Widerfahrnissen des Lebens keine Opfer sind, an denen Gott sich ergötzt? Genau das klärt die Geschichte. Sehen wir also noch einmal nach im alten Familienalbum, das wir als Juden und Christen gemeinsam durchblättern.

Ein Kind läuft mit dem Vater, den Knechten, dem Esel. Immer wenn Kinder in solchen Geschichten vorkommen, dann geht es auch um Lernen. Sie stellen die Fragen und diese Fragen enthalten oft genug schon die Antworten. Also fragt das Kind, als ob es schon wüsste: Wo ist denn das Opfertier? Denn schon ein Kind weiß doch: Opfer macht man nicht mit Menschen, sondern mit Tieren[66]. Wo also ist das Schaf? Die Kinderfrage des Isaak erscheint wie ein Silberstreif der Hoffnung in dieser Geschichte. Das kann doch noch nicht alles gewesen sein. So ist Gott doch nicht. Noch sind wir nicht am Ende der Geschichte.

Die Stimmung jener Dreitageswanderung von Vater und Sohn können wir kaum nachempfinden. Es sind drei Tage, die sich anfühlen wie Jahre. Es sind die drei Tage zwischen Tod und Leben. Wir kennen diese drei Tage. Es sind die drei Tage, in denen wir warten: Auf einen Brief, auf den Befund des Arztes aus dem Labor, auf die E-Mail des Geschäftspartners, auf den Anruf unseres Partners, unserer Partnerin. Es sind die drei Tage, die wir brauchen, um uns nach einem Streit wieder zu versöhnen. Es sind die drei Tage, die wir warten bis sich die Wolken auf unserer Seele lichten, jene drei Tage, die schon Jonah im Walfisch kannte und die Jesus im Grab war. Jede einzelne Sekunde dieser Tage kommt uns endlos vor. Nur Gott und einige mit Lebenserfahrung wissen, dass diese drei Tage mit ihrer Endlosigkeit auch nur drei Tage sind und ein Ende haben werden.

d) Ein für allemal

Und so geschieht es am dritten Tage und das ist vielleicht kein Zufall. Weiter hinten befinden sich in unserem Familienalbum die Osterbilder, denn der 3.Tag ist für uns der Tag der Auferstehung und der Tag des Sieges über den Tod. Hätten wir das am Anfang der Geschichte gewusst, dass es diesen 3.Tag gibt, wir hätten uns weniger Sorgen gemacht... Am dritten Tag gebietet der Engel Gottes Einhalt. In diesem Moment lösen sich bange Fragen auf in Antworten: Gott will keine Opfer. Gott will kein Blut sehen. Ein für allemal ist das Opfer erledigt. Wir haben es doch gewusst. Gott ist anders als alle Götter, die die Menschheit kennt. Gott löst die unerträgliche Spannung unserer Geschichten auf durch den 3.Tag, an dem das Leben siegt.

An diesen Antworten kommen wir nicht vorbei. Und sie sollen reichen. Vielleicht noch ein letzter Ausblick. Irgendwann werden wir vielleicht auch ohne Tieropfer leben können. Aber das ist ein anderes Thema. Jetzt auf jeden Fall nachdem die Geschichte gelöst ist, kommt auch

[66] Wir schulden es dem Alter der Bibel dass wir die, den Tieren gegenüber ausgespielte Anthropozentrik als einen zivilisatorischen Fortschritt empfinden.

Abraham in Bewegung. Erleichtert beginnt er die Fesseln des Kindes zu lösen und damit auch die, die uns hielten.... AMEN

8. 1.Mose 3,1-24, Sündenfall

8.1. Kontextualisierung: Die Geschichte vom Sündenfall ist eine Genealogie der Sünde. Ich jedoch möchte sie als den Bericht einer kritischen Gottesbegegnung erzählen. Interessanterweise spielt sie in einer paradiesischen Flächenwelt: Das Paradies ist ja der Himmel auf Erden. Man begegnet Gott auf den Wegen, zwischen Bäumen und Büschen. Ganz bewusst übergehe ich die theologischen Deutemuster, die sich im Lauf der Zeit dem Verständnis der Geschichte angelagert haben. Sie würden eine Dehnung der Geschichte „nach oben" bedeuten und ihre Dramatik entschärfen. Einer „voraussetzungslosen Exegese" sucht in diesem Falle nicht nach wissenschaftlichen Vorverständnissen, sondern nach der „das menschliche Leben bewegenden Frage nach Gott."[67] Gerade dann aber verschärft sich der Text. Er wird zur verdichteten Erzählung dessen, „was sich in jedem Leben ereignet."[68] Die Hybris des Menschen kennen wir, von Gott selber wissen wir noch nicht genug.

8.2. Predigt: Liebe Gemeinde,

a) Klippen und Untiefen

diese Geschichte ist wie ein Gewässer mit Untiefen und Klippen und ich würde sagen, in der jahrtausendelangen Auslegungsgeschichte wurde jede schon einmal berührt. Deshalb suche ich mir einen Lotsen. Ich finde ihn für diese Predigt in dem großen Theologen Rudolf Bultmann. Er hat darauf hingewiesen, dass vieles in der Bibel wie ein Mythos geschrieben ist. Er meint, dass wir solche sagenhaften Dichtungen nicht beim Wort nehmen müssen, sondern fragen können, welche Nachricht Gottes für uns in ihnen steckt. Deshalb: Heute nichts gegen Schlangen und Frauen. Heute also keine Wiederholung des alten Unsinns, nach dem Frauen als Töchter der Eva, nicht nur für das Seelenheil der Männer, sondern auch für die Kirche gefährlich wären. Demnach ihr bester Platz in der Kirche also nur mit dem Putzeimer vor dem Altar wäre, auf jeden Fall jenseits von Amt und Verantwortung.

---

[67] BULTMANN Rudolf, Ist voraussetzungslose Exegese möglich? S.-258-266 In: BULTMANN Rudolf, Neues Testament und christliche Existenz, Tübingen 2002. Eine weiterführende Deutung des Sündenfall-mythos findet sich auch bei RICOEUR Paul, Phänomenologie der Schuld II, s.277 ff.

[68] SCHOBERTH Wolfgang, Einführung in die theologische Anthropologie, vgl. s. 121 ff.

Ersparen wir uns auch kulturhistorische oder tiefenpsychologische Hypothesen zur symbolhaften Gestalt der Schlange, jenes rätselhaften Reptils. Heute darf die Schlange ganz einfach nur eine Schlange sein[69]. Verweigern wir zudem auch jene fortschrittsfeindliche Polemik, in der sich liberale und konservative Kreise einig sind. Sie sagen, dass Gott hier zeigt, wie er jene Menschen straft, die zuviel wissen möchten. Dies ist also auch keine Belegstelle in der Diskussion um Forschungsethiken. Gebrauchen wir diese Geschichte nicht zu allen möglichen Zwecken. Versuchen wir lieber, ihr nachzugehen. Denn das entspricht ihrer Natur: Die Erzählung vom Sündenfall ist wie eine tiefe Wurzel und eine Erklärung. Sie erzählt nicht, wie es genau gewesen ist, sondern warum seitdem Dinge immer wieder so und so geschehen. Wir hören heute also eine Genealogie, eine Entstehungsgeschichte. Noch wissen wir nicht genau wovon. In einer solchen Erklärung treffen sich viele andere Geschichten. Der Apostel Paulus wird im Römerbrief und auch im 1.Korintherbrief auf den Sündenfall zurückkommen. Dort ist der nach dem Apfel greifende Adam das Gegenbild zu Christus. Durch den Einen kam der Tod, durch den Anderen das Leben. Es ist ein großer Bogen von Sinn, der sich da aufbaut. Wenn wir ihm folgen, dann könnten wir die gesamte Weltgeschichte deuten als eine Geschichte vom Ungehorsam des Menschen. Aber auch als eine Erzählung von der Liebe Gottes, die durch Adams Neugier verletzt und herausgefordert wird. Ich meine allerdings, dass das ein trauriges Verständnis wäre. Denn es bedeutet, dass wir immer mit Adams Sünde, mit der Erbsünde belastet werden. Genau diese Interpretation hat die Tür geöffnet dafür, dass Kirche Sünde umfangreich institutionell verwaltet. Sie ist zudem Dienstanweisung für alle kirchlichen Grenzbeamten, die ständig auf Gehorsamspflichten hinweisen und bestimmen, wer denn zu Gott durchgelassen wird. Sie merken, ich halte nicht viel von der Erbsünde als Motivation des Glaubens.

b) Erbsünde ?

Mich bestärkt, dass wir solche Deutungen zwar aus den Schriften der Bibel herleiten können, aber, dass Jesus sie nicht verwendet. Bibelfest wie er war, beruft er sich an keiner Stelle auf diese Geschichte, obwohl sie doch eine steile und dramatische Erklärung für das oft gestörte Verhältnis von Gott und den Menschen ermöglicht. Jesus erklärt den Stand des Menschen nicht mit der Erzählung vom Sündenfall. Diese Entdeckung entwertet zwar nicht die geniale paulinische Konstruktion des Bogens vom ersten Menschen Adam zum neuen Menschen Christus, jedoch möchte ich sie als kritisches Gegengewicht nicht ganz außer Acht lassen.

[69] Anspielung auf das Zitat von Sigmund Freud: „Manchmal ist eine Zigarre nur eine Zigarre.“

Es wäre doch unheilvoll und unerträglich, wenn wir als Menschen mit Gott lediglich und immer nur in einer unheilvollen Verstrickungsgeschichte unterwegs wären. In einer solchen Geschichte wäre die Übertretung Adams aus den Kinderzeiten der Menschheit auf Ewigkeiten wirksam. So kann und will ich diese Geschichte nicht lesen und erst recht nicht predigen. Ich lese Sie also nicht als eine Standortbestimmung, sondern als einen Blick auf die Kräfte, die in der von Gott und Mensch wirken. Als solche ist sie die Geschichte eines Verlustes. Sie erzählt die Geburt jener Paradiessehnsucht, die wir alle kennen. Sie erklärt das Gefühl der Heimatlosigkeit, welches uns oft befällt. Wir sind als Nachkommen Adams und Evas immer auch Vertriebene aus dem Paradies. Wir fühlen uns in der Welt nie ganz zuhause und wir gehören nicht mehr so recht zu Gott. Zwischen Gott und zwischen der Welt stehen wir und können nicht anders.

Wie aber kommen wir als geliebte Geschöpfe Gottes in diese Situation? Die Geschichte vom Sündenfall versucht zu erklären und überbrückt dabei einen garstigen Widerspruch: Eigentlich müsste alles „in Butter sein“, wenn es aus den Händen Gottes kommt. Tatsächlich ist auch im Paradies zwischen Gott und Mensch zuerst alles in Ordnung. Es braucht schon einen Eindringling von außen her. Also betritt die Schlange die Bühne und sät Zwietracht. Sie setzt das Böse in Gang. Der Anfang der Sünde wohnt nicht dem Menschen inne! Gott hat das Böse nicht in uns hinein geschaffen. Er hat auch bei der Erschaffung nichts vergessen. Das geht ja nicht, denn als Gottes Ebendbild kamen wir doch leckt!

c) Fall-Diagnose

Sünde entsteht im Leben und im Verlauf. Sie ist keine in uns liegende menschliche Eigenschaft und kein Konstruktionsfehler, der abgewaschen werden kann. Sünde ist die tief in uns liegende Hilflosigkeit, mit der wir dann doch einem Tier des Feldes unterlegen sind. Diese Erklärung ist keine Entschuldigung, aber eine Korrektur unserer Blickrichtung. Wir müssen nicht in uns nach der Wurzel des Bösen graben, sondern um uns schauen, wo es uns angreift. Wo ist die Schlange? Da bleibt Arbeit genug. Vom Sündenfall lernen wir also, wieso wir geliebte Gotteskinder deren Erschaffung sich Gott sozusagen aus dem Herz gerissen hat, die von seinem Atem leben... wieso diese Kinder Gottes soviel Leid und Übel verursachen. Weiter und tiefer und auch logischer als mit dieser Geschichte lässt sich das alles nicht erklären. Es ist ihr Tribut, der Tribut des Sündenfalls, dass wir nicht alles zu Ende erklären können.

Aus der Verantwortung entlassen sind wir damit aber nicht. Die Sündenfallgeschichte möchte uns auch in dieser barmherzigen Deutung genauso nachdenklich machen, wie alles was man sonst von der Sünde sagen kann. Es ist ja eine Geschichte davon, wie wir uns in großen und kleinen Episoden des Lebens die Würde nehmen lassen oder sie bereitwillig selbst aus der Hand geben. Wie wir den Garten des Menschlichen verlieren. Melancholisch bis pessimistisch ist diese Analyse und sie wäre vernichtend, wenn wir nicht ein Gegengewicht hätten.

d) Nun springen die Bande!

Bisher haben wir analysiert. Nun beginnt die gute Nachricht des Evangeliums, der frohen Botschaft von Jesus Christus. Durch ihn können wir noch einmal an den Anfang der Geschichte zurück, noch einmal in das Paradies. Natürlich wissen wir, dass sich die Paradiese der Kindheit verändern und verloren gehen. Jesus, der neue Adam wie er manchmal genannt wird, verbindet uns wieder mit Gott. Er tut das in einer noch nie da gewesenen Art und Weise, nämlich so dass wir Gott den „Vater" nennen dürfen.

Damit kommen die Dinge langsam wieder ins Lot. Den Paradiesfrieden haben wir nicht mehr, der alte Friede kommt nicht mehr zurück. Aber es gibt nun ein Leben, welches frei ist von der Last des Adam und der Eva. Es ist frei von ungewisser und offener Zukunft. Der Frieden des Paradieses bleibt verloren, doch ist ein anderer Frieden an seine Stelle getreten. „Du schöner Lebensbaum des Paradieses" singt das Gesangbuchlied vom Kreuz. Hier ist das vorläufige Ende erreicht. Nehmen Sie mit, dass wir in Sündendingen nicht ängstlich und gelähmt sein müssen wie die „Maus vor der Schlange". Irgendwie stehen wir immer noch staunend unter dem Lebensbaum des Paradieses. Gott sei Dank. Wir können schon eine Menge tun...

Die Sündenfallgeschichte – so habe ich am Anfang gesagt – ist wie ein Gewässer mit Untiefen und Klippen. Immer wieder im Leben werden wir in ihren Bann geraten und vorsichtig sein müssen. Immer wieder werden wir aber auch erfahren, dass die Fahrt frei ist. Leinen los. Ende der Gefangenschaften. Volle Fahrt voraus. AMEN

9. Jesaja 60,1-6: Gottes Werk und Menschen Beitrag? Epiphanias

9.1. Kontextualisierung: Der Jahreswechsel 2006 /2007 ist überschattet von der Hinrichtung des irakischen Diktators Saddam Hussein. Dessen Festnahme und Verurteilung erleichtert zwar viele, aber die verwackelten Handybilder von der Hinrichtung erschrecken doch sehr. Auch ohne juristische Kenntnisse regt sich bei vielen Menschen der Verdacht, dass es hier nicht ganz mit rechten Dingen zugegangen sei. Gleichzeitig stellt sich mit den Bildern der Hinrichtung die Frage, warum der Mensch immer wieder dem Menschen „zum Tier" werden muss. Es sind wenig ermutigende Bilder, die man mit in das neue Jahr nimmt. Eindeutig ist hier die Aufgabe der Predigt: Die Schwelle zum Neuen Jahr ist zu überschreiten, eine Bußpredigt mit Rückblick auf das Geschehene scheint ebenso wenig angebracht, wie die Schelte der fernen amerikanischen Regierung. Predigt kann Gegenbilder zeichnen und statt negativer Problemtrancen positive Phantasien für die Zukunft wecken. Die Perikope aus dem Trostbuch des Jesaja ist hierfür hervorragend geeignet.

9.2. Predigt: Liebe Gemeinde

a) Status corruptionis? Ich bin fürwahr kein Pessimist. Ganz im Gegenteil. Ich mache gute Erfahrungen. Ich bin von freundlichen Menschen umgeben. Auch hier in der Gemeinde. Es gibt Leute, die helfen mir beim Herausstellen der Mülltonne und so. Andere sitzen stundenlang als Kirchenwächter in der Kirche. Freundliche Menschen gibt es überall. Ich musste in dieser Woche einen unfreiwilligen Kurztrip durch die Erlanger Krankenhäuser unternehmen. Dort ist man mir mit Höflichkeit, Freundlichkeit und Kompetenz begegnet. Eine tolle Erfahrung. Ich bin fürwahr kein Pessimist.

Aber es gibt Momente, in denen es mir reicht. Da wird mir schlagartig bewusst, dass die Welt doch nicht so gut und so freundlich ist, wie ich sie gerne selber hätte. Da würde ich am liebsten wie Martin Luther ein Tintenfass werfen. Diese Woche war so ein Moment und ich weiß nun genau, warum mir der heutige Epiphaniastag etwas bedeutet. Dies ist Tag an dem klar wird, dass Christus nicht nur ein süßes Krippenkind ist, sondern einen Anspruch hat, der weit über die Krippe hinausgeht. Es ist ein Anspruch auf die Welt. Einen Anspruch, wie ein König verehrt zu werden. Das heutige Epiphaniasfest tröstet mich für die Momente, in denen es mir reicht, in denen ich bezweifle, ob wir Menschen uns selbst helfen oder gut sein können. Nun wird Sie so langsam interessieren, was diese dramatischen inneren Empfindungen bei mir auslöste...

Ich war am Abend des Neujahrstages der 4,9 Millionste der sich von einer Internetseite das Video der Hinrichtung von Saddam Hussein herunterlud. Jemand hatte mit dem Handy alle Momente der Vollstreckung gefilmt. Grobkörnige und fahrige Aufnahmen dokumentieren, wie tief Menschen sinken können und ich meine damit sicher nicht den Hingerichteten, der ein Problem für sich ist. Die Handybilder zeigen, wie dunkel es ist in dieser Hinrichtungskammer. Die einzigen Stufen die in diesem Kellerloch nach oben zeigen führten nicht ans Licht, sondern auf das Schafott.

Mache dich auf und werde Licht, denn dein Licht kommt und die Herrlichkeit des Herrn geht auf über dir. Denn siehe – Finsternis bedeckt das Erdreich und Dunkel die Völker aber über dir geht auf der Herr und seine Herrlichkeit erscheint über dir. Und die Heiden

werden zu deinem Lichte ziehen und die Könige zum Glanz, der über dir aufgeht. Hebe deine Augen auf und sieh umher: Diese alle sind versammelt und kommen zu Dir. Deine Söhne werden von ferne kommen und deine Töchter auf den Armen hergetragen werden. Dann wirst du deine Lust sehen und vor Freude strahlen und dein Herz wird erbeben und weit werden, wenn sich die Schätze der Völker am Meer zu dir kehren und der Reichtum der Völker zu Dir kommt. Denn die Menge der Kamele wird dich bedecken, die jungen Kamele aus Midian und Efa. Sie werden aus Saba alle kommen, Gold und Weihrauch bringen und des Herrn Lob verkündigen.

b) Gegenbilder Welch ein Wechsel! Danke Gott! Die frohen und hellen Bilder dieser Jesajaworte sprechen für sich. Man möchte sich baden in ihnen wie im hellen Sonnenlicht, das mir zu dieser Winterzeit immer mehr fehlt. Familien werden zusammengeführt, Menschen fallen sich in die Arme. Menschen leben im Licht. Alles wird gut. Ein Fest wird gefeiert aus Kennen lernen und Wiedersehen. Aus Tanz und Freude. Alles wird gut. Das ist eine andere Welt. Wie aber kommen wir hin? Wir haben noch nicht die Lösung. Wir haben noch nicht die Antworten. Aber wir haben das Ziel, wir haben Bilder. Wir haben konkrete Vorstellungen, wie es einmal sein könnte. Das verdanken wir Gott und seinem Propheten. Wir verdanken es den Bildern des Friedens, die uns Gott malt. Wir haben einen Traum, der uns antreibt. Mit der Vollstreckung in jenem dunklen Gewölbe im Bagdad ist uns noch nicht Genüge getan. Daran erinnern mich die hellen Sprachbilder Jesajas.

Mit den Prophetenworten finde ich langsam wieder zu meinem Optimismus zurück. Ich habe mein Predigttintenfass geworfen wie einst Martin Luther und nun ist aus dem Teufel ein zwar ärgerlicher, aber doch nicht endgültig bedrohlicher Fleck geworden. Aber der Teufel war es, denke ich mir und ich weiß nicht, stand er auf dem Schafott oder hinter dem Handy und filmte. Glücklich ist, wer den Teufel besiegen darf mit einem Tintenfass aus Worten, gutem Willen und hellen Bildern. **Mache dich auf und werde Licht, denn dein Licht kommt und die Herrlichkeit des Herrn geht auf über dir. Denn siehe – Finsternis bedeckt das Erdreich und Dunkel die Völker aber über dir geht auf der Herr und seine Herrlichkeit erscheint über dir.**

c) Freiheiten

Es mag sein, dass die andere dunkle Welt uns immer wieder bedrohlich nahe kommt, aber gefangen sind wir nicht in ihr! Wir müssen nicht in ihr wohnen bleiben. Wir haben einen Glauben und mit ihm eine Wahl und Möglichkeit. **Denn siehe – Finsternis bedeckt das Erdreich und Dunkel die Völker aber über dir geht auf der Herr und seine Herrlichkeit**

erscheint über dir. Aus der Finsternis ins Licht. Weil ich noch ein wenig Zeit habe in dieser Predigt, möchte ich versuchen herauszubekommen, was das für uns bedeutet. Wir leben ja Gott sei Dank nicht in den ganz tiefen Kellerlöchern. Wir fallen seltener so richtig tief. Meist stolpern wir. Das ist alles viel weniger dramatisch, aber immer noch ärgerlich und Kräfte zehrend genug.

Aus einer Welt voller Probleme und Stolpersteine haben sich, so erzählt die Bibel, 3 Weise aufgemacht. Sie hätten wohl eigentlich ein gutes Leben haben können. Es fehlte ihnen wohl weder an Ruhm und Ansehen, noch an Reichtum. Aber sie ahnten, dass es noch mehr gab. Wir wissen nicht, ob sie den Propheten Jesaja und seine Visionen kannten. Oder ob sie es in anderen Büchern gelesen hatten. Oder ob ihnen der Stern in ihnen eine Ahnung weckte. Es reicht für uns und schenkt uns einen Feiertag, dass sie sie sich auf den Weg machten, dass sie um andere Möglichkeiten des Lebens wussten und ihnen nachliefen.

d) Verheißungen

Ich schätze die Kraft guter Bilder. Sie sind wie Leitsterne. Die Bibel ist voll davon und lockt uns mit Ihnen. Also stelle ich es mir mit Jesaja so vor: Auf den Plätzen in Israel, sei es in Gaza, Bethlehem oder anderswo toben nicht etwa kreischende Massen und über ihnen kreisen keine israelischen Militärhubschrauber mit schussbereiten Waffen, stattdessen:

Hebe deine Augen auf und sieh umher: Diese alle sind versammelt und kommen zu Dir. Deine Söhne werden von ferne kommen und deine Töchter auf den Armen hergetragen werden. Dann wirst du deine Lust sehen und vor Freude strahlen und dein Herz wird erbeben und weit werden, wenn sich die Schätze der Völker am Meer zu dir kehren und der Reichtum der Völker zu Dir kommt. Denn die Menge der Kamele wird dich bedecken, die jungen Kamele aus Midian und Efa. Sie werden aus Saba alle kommen, Gold und Weihrauch bringen und des Herrn Lob verkündigen.

Dieses Hoffnungsbild hat Gott für uns in die Welt gesetzt. Gerade in den Weihnachtstagen spüren wir, dass Gott uns etwas vom großen Stern, eine kleine Sternschnuppe aus Hoffnung, Friedfertigkeit und Menschenfreundlichkeit in die Krippe und in das Herz gelegt hat. Und das andere – was mich anfangs noch umtrieb? Ich werde darauf antworten, wie es mir die Bilder vom Licht und von Jesaja empfehlen. Nicht mit dem bitteren Zorn und der Wut die ich zuerst empfunden habe. Sondern mit Nachdenklichkeit, Gebeten und Ernst. Auch so kann es sich ändern. Ich weiß das. Ich wünsche Ihnen und mir, dass wir so leben können. Aufbrechen ins Licht, so wie es Jesaja sagt. AMEN

Sammlung 2: Unmodern - modern

Die Frage nach dem „modernen“ Menschen geht über die Soziologie weit hinaus. Sie ist heute vermehrt eine Frage nach dem Wissen: Genügt das Weltwissen, um die Welt zu verstehen? Wie kommt es zustande? Was machen Menschen daraus? Genügt es um ein „gutes Leben“ zu führen? Als Theologen fragen wir, wie sich Glaubenserfahrungen über die „Doppelnatur“ des Menschen als Ebenbild Gottes und als Sünder in ein Welterleben einordnen lassen, welches den Menschen kontinuierlich zu reflexiven Höchstleistungen auffordert. Das erkennende Subjekt der zweiten Moderne entdeckt schmerzlich die Grenzen seiner Fähigkeit, sich die Welt untertan zu machen und zu gestalten. Solche Grenzerfahrungen sind aber nicht nur situative Dilemmata. Sie werden grundsätzlich. Immer deutlicher zeigt sich, dass die homiletische Erkundigung in der „2.Moderne“ über kirchensoziologische und pastoralpsychologische Momentaufnahmen hinausgeht und zur Frage nach dem Menschen überhaupt, nach seinem Wissen, seiner Fähigkeit zu Entscheidungen und zu handeln wird.

Die Predigten dieser zweiten Sammlung gehen nicht davon aus, dass der Glaube den Weg der Dinge zu verändern habe. Aber sie formulieren spezifische Beiträge. Sie wertschätzen die Leistungen von Menschen in der Strukturierung ihrer komplexen Welt. Außerdem formulieren sie einen christlichen Beitrag, der den vielen beobachtenden Wissenschaften deshalb kaum möglich ist, weil er Kartographisch kaum zu erfassen ist. Denn es geht um eine Leerstelle: Es geht um einen möglichen Sabbat der Reflexivität, ein Bleiben am Ort, um Ruhe. Auffällig ist doch, dass immer mehr Menschen unter dem Druck der Wirklichkeit ausbrennen. Sie erleben, dass auch ständige Reflexivität ihnen nicht ermöglicht, die Welt und das Sowohl-als-auch in Griff zu bekommen. Begegnungen mit Gottes Wort unterstützen uns bei diesen Lebensaufgaben. Sie sind nach-wie-vor erwünscht.

1. Joh 21,1-14: Sowohl als Auch – Ostermontag 2011

1.1.1. Kontextualisierung: Verdichten und Öffnen - Reflexive Doppelstrategien?

Das Eine tun und das Andere nicht lassen. Wer mit dem modernen „Sowohl-als-auch“ zu tun bekommt, fühlt sich schnell an die im Jahr 1983 veröffentlichte missionarische Doppelstrategie der VELKD erinnert. Unter dem Motto „Verdichten und öffnen“ ging es damals noch darum, möglichst viele Menschen zu erreichen. Heute sind Doppelstrategien eine Möglichkeit, privates Leben zu gestalten, verschiedenste Erfahrungen in Einklang zu bringen. So fragen die sonntäglichen Gottesdienstbesucherinnen nach dem Verhältnis von politischem Engagement und persönlichem Glauben, nach dem Miteinander von Gemeinschaft und Einzelinteressen, nach der Vereinbarkeit progressiver Weltoffenheit und kontemplativer Innerlichkeit. Reflexive Doppelstrategien helfen dabei, solche Dissonanzen zu entschärfen oder in Einklang zu bringen. Schnell zeigt sich: Das Sowohl-als-auch ist aber nicht statisch, sondern eher wie die Reise von einem Ort zum anderen, hin und zurück. Diese Erfahrung lässt sich gut in einer Predigt ansprechen, die es mit Jüngern auf dem See, Jesus am Ufer, leeren Netzen und einem gemütlichen Grillfeuer zu tun hat.

1.1.2. Konkrete Predigtsituation: Ostern 2011 liegt wenige Wochen nach dem großen Erdbeben in Japan und der dadurch ausgelösten Atomkatastrophe. In Deutschland entbrennt ein heftiger Streit um die Abschaltung von Kernkraftwerken. Die Bundeskanzlerin bittet eine „Ethikgruppe", in der auch Kirchenvertreter sind, um Vorschläge. Auch an einer „anderen Front" wird gekämpft. Seit einigen Wochen unterstützen einige Länder ohne UN Auftrag libysche Rebellen im Kampf gegen Ghaddafi. Deutschland beteiligt sich nicht an diesem Einsatz. Diese Entscheidung wird stark kritisiert und eine „moralische Pflicht" zum militärischen Eingreifen diskutiert. Wie sind wir als Christen an solchen Weltereignissen beteiligt und können wir einen Beitrag leisten?

1.2. Predigt: Liebe Gemeinde, eine meiner Lieblingsgeschichten darf ich heute predigen. Die ersten Gedanken für diese Predigt entstehen auf dem Campingplatz und da freue ich mich und sehe ihn stehen, sozusagen auf dem Platz nebenan: Meinen persönlichen Lieblingsjesus: Einer der für seine Leute Bratfische macht auf einem Kohlenfeuer. Obwohl ich eigentlich kein Fischfreund bin, spricht mich dieses Bild an. Johannes zeichnet einen Jesus mal ganz ohne Sünden und Not. Jesus ohne Kreuz, aber mit dem Grillanzünder, mein freundlicher Begleiter und Nachbar mit dem ich eine gute Zeit verbringen kann und will. Einer, der nicht immer mit leisem Vorwurf von seinem Kreuz auf unsere Welt herabsieht. Ich frage mich, ob wir ich nicht viel häufiger auch so predigen müssten, diesen leichten Jesus, der sein Abendmahl schwerelos an aller Sakramentstheologie vorbei um ein paar Fische bereichert. Dieser Jesus vom Seeufer mit dem man sich so gut erinnern kann an gute Tage: Nicht etwa: Wisst ihr noch die Nacht vor seinem Tod? Sondern: Wisst ihr noch, damals am See als die Netze voll waren und die Herzen auch? Ein verhaltenes, aber doch unwiderstehliches Zuversichtsprogramm tritt uns in der Gestalt Jesu am Ufer des Sees Genezareth entgegen. Ostern.

Schon das dritte Mal erscheint Jesus nach der Auferstehung. Das macht Hoffnung auf mehr. Vielleicht ist die Welt doch nicht so gottlos, wie wir manchmal befürchten. Von großer Bildhaftigkeit und Leichtigkeit zugleich ist diese Geschichte aus dem Johannesevangelium. 153 Fische zappeln im Netz und keiner weiß, warum es genauso so viele sind. Kirchenväter von Ambrosius bis Augustin haben sich in mathematische Spekulationen gestürzt, um die Zahl zu erklären. Doch sie entzieht sich letzten Endes jedem Verstehen. So bleiben am Ende 153 zappelnde Fische im Netz als ein Vorgeschmack auf die kommende weltweite Ausbreitung der Kirche Gottes. Es ist der süße Vorgeschmack einer Zukunft in der Jesus fragt: **Kinder, habt ihr nichts zu essen? Sie antworteten ihm: Nein. 6 Er aber sprach zu ihnen: Werft das Netz aus zur Rechten des Bootes, so werdet ihr finden. Da warfen sie es aus und konnten's nicht mehr ziehen wegen der Menge der Fische.**

Geschichten nach Ostern erzählen immer auch davon, wie Christen leben können und mit dem Rückenwind der Auferstehung glauben werden. Trotz ihrer verspielten Poesie enthält diese Geschichte deshalb auch ein gehaltvolles strategisches Angebot für die Gestaltung des zukünftigen Lebens der Jünger und Jüngerinnen Jesu in der Welt.

Der See - Mitten in der Welt – Einmischung

An zwei Orten geschieht diese Geschichte: Mitten auf dem See und am Ufer mit dem Kohlefeuer. Wir sind als Gemeinde und als Kirche oft mitten auf dem See unterwegs, d.h. mitten im Leben, mitten in den Wellen, fern vom sicheren Ufer. Für viele von uns ist dann die Kernfrage kirchlicher Existenz: „Was müssen und was sollen wir tun?“ Mit Recht ist diese Frage in unser Gedächtnis als evangelische Kirche eingeschrieben. In diesen Apriltagen jährt sich nicht nur der größte anzunehmende Unfall in Tschernobyl. Am 9.April jährte sich auch der kirchengeschichtliche Störfall des 20.Jhdts. die Hinrichtung Dietrich Bonhoeffers, der von seiner Kirche in so alleine gelassen wurde. Bonhoeffer hat uns die Frage vererbt, was wir als Kirche tun müssen, damit wir mit Gottes Wort nicht im gegenwarts- und weltfremden Herrgottswinkel eingeschlossen zu bleiben. Weil wir seine Erfahrungen ernst nehmen, lassen wir uns immer wieder hinausschicken mitten auf den See und werfen die Netze aus – nach Menschen, aber auch nach Lösungen. Gut so.

In diesen Tagen wird sie wieder laut, diese Frage nach der gebotenen Einmischung. Es bilden sich Mahnwachen zur Kernkraft. Eine Ethikgruppe stellt gesellschaftlichen Wechsel durch eine Technologierevolution fest und an diesem Ergebnis sind auch Kirchenvertreter beteiligt. Wir sind dabei und das ist gut so. Auf einem anderen Feld, das Bonhoeffer wichtig gewesen wäre, haben wir allerdings Boden verloren. Keine kritischen und kaum nachdenklichen Worte zu den verschiedenen Militäreinsätzen. Ohne Einmischung durch Christen konnte tatsächlich in den letzten Worten diskutiert werden, ob nicht etwa eine „moralische Pflicht" besteht, dem lybischen Diktator mit Luftschlägen oder Bodenkämpfen ein Ende machen zu müssen. Bombardements als Intervention der Moral. All dies ist anzugehen.

Aber bei der Fülle der Aufgaben mitten draußen auf dem See, dort wo wir fleißig (manchmal auch etwas planlos) die Netze nach Lösungen auswerfen, wo wir manchmal auch ausbrennen – da verlieren wir oft den Blickkontakt mit dem Ufer. Dort sammelt gerade einer Holz und schichtet es für ein Kohlefeuer. Und damit wären wir am zweiten Ort der Geschichte – am Ufer.

Das Ufer

Johannes erzählt und es wird bald klar, dass die Antworten nicht mitten auf dem See, sondern am Ufer zu finden sind. Oft genug fahren wir zurück aus der Mitte des Sees und spüren, dass unsere Netze leer sind. Wie tröstlich wäre es, dann ein Leuchtfeuer am Ufer zu erblicken. Ein Nebensatz: Es ist uns leider nicht erlaubt in dem Feuer Jesu, also in diesem Einsatz von Holz und Kohle am Seeufer einen biblischen Hinweis auf die Lösung der Energiefrage zu sehen, um die sich die vorhin angesprochene Ethikgruppe bemühte.

Das Feuer am Ufer ist eines, das wir nicht errichtet haben. Dieses Feuer haben Gott, bzw. Jesus für uns gebaut. Es ist eine ganz andere Geschichte als die unserer angestrengten Bemühungen. Sobald wir uns an diesem Feuer niederlassen erleben wir, dass die Kirche mehr ist als eine moralische Ratingagentur in der öffentlichen Diskussion. Natürlich haben wir mitten auf dem See unsere Meinung und sollen Sie auf keinen Fall verschweigen. Als Evangelische werfen wir sie dann lieber werbend als im Befehlston aus. Aber neben dieser ständigen Gedankenarbeit am komplexen modernen Leben haben wir auch immer noch diesen zweiten Ort, diese andere Heimat. Ich meine das sichere Ufer, an dem Jesus auf uns wartet. Unser Leben spielt sich zwischen diesen beiden Orten ab. Da haben wir als Christen die Welt und den Himmel im Herzen. Wir durchleben Fragen und Antworten. Da würden wir dann wie die Jünger am Berg der Verklärung gerne sagen: Ach lasst uns hier Hütten bauen. Doch wir wissen, dass wir dann auch viel versäumen.

An beiden Orten zuhause – in die Zukunft

In glücklichen oder besser - in gesegneten Momenten bewohnen wir beide Orte zu gleicher Zeit und bringen sie in einen guten Austausch. Wir werden versuchen diese Dimension am nächsten Sonntag anzureißen, wenn wir den Ethikfachmann des theologischen Fachbereichs unserer Universität (Prof.Dr.Peter Dabrock) in Gegenwart des jetzigen und des designierten Bischofs unserer Landeskirche ordinieren. Wir navigieren nicht nur mitten auf dem See, sondern machen hoffentlich auch immer wieder Ufererlebnisse. Das wird durch die Ordination eines profilierten Wissenschaftlers in das kirchliche Amt deutlich. Da geht es dann auch um Wort und Sakrament, Gebet und Gemeinschaft.

Vom dort, vom Ufer nehmen wir dann immer wieder etwas mit auf den See hinaus: Denn in dem Feuer Jesu brennt nicht nur Zukunft. Dort wärmen auch Erinnerungen aus der Vergangenheit. Diese Erinnerungen sind nicht nur Trost, wenn wir uns einmal überfordert fühlen. Sie helfen uns überraschenderweise, ein Navigationssystem für die Zukunft aufzubauen. Dabei sind die Koordinaten sind oft konkreter gesetzt, als wir es wahrhaben wollen und umsetzen können. Das Bild von Jesus am Feuer mit den Bratfischen mobilisiert in uns Gedanken und Gefühle: Fürsorglichkeit, Vertrauen, Mitmenschlichkeit, Friede, u.s.w. Bei jedem lautet der Begriff etwas anders. Aber selbst in der größten Vielfalt der Möglichkeiten kommen wir immer wieder auf solche eindeutigen Grundbegriffe zurück. Diese wärmen uns noch das Herz, auch wenn wir schon längst wieder mitten auf dem See unterwegs sind. Dies geschieht nicht etwa, weil wir am Ufer exklusive und spirituelle Wahrheiten erkannt hätten, sondern weil dort einer für uns Fische gebraten hat. Weil Gott und Jesus uns ein Feuer gebaut haben aus Wertschätzung und Ermutigung. Ich möchte ihnen das freundliche Jesusbild dieser Geschichte gerne mitgeben. Am Ufer wartet Jesus auf uns, wenn wir von unseren Ausfahrten mal aufgekratzt, enttäuscht oder einfach hungrig zurückkommen. Am Ufer wartet die Liebe.

Mitten auf dem See und sicher am Ufer reisen wir von hier nach dort. Wir haben sozusagen ein doppeltes Zuhause. Ich wünsche uns, dass wir gut zurechtkommen damit. So wünsche ich uns, dass wir immer getrost auf die Mitte des Sees fahren, dort unsere Netze auswerfen und nach den Lösungen der vielen Probleme fischen. Ich wünsche uns auch, dass wir immer wieder ans Ufer zurückkehren und dort einen Jesus finden, der mal ganz ohne Sünden und Not, unser freundlicher Begleiter und Nachbar ist. Mit ihm können und wollen wir gute Lebenszeit verbringen. AMEN

2. Joh 16, 8-15 Die vielen Rollen Gottes: Immanenz und Ökonomie

2.1.1. Kontextualisierung: Von der Trinität zu predigen, ist eine der anspruchsvollsten, aber auch lohnendsten Aufgaben, die ich mir vorstellen kann. Das ist für mich die vornehmste Aufgabe der Predigt: Eine Sprache finden für die geheimnisvollen Formeln von der immanenten und ökonomischen Trinität und von Ihnen so zu reden, dass sie nicht eingefrorene Wahrheit bleiben, sondern auf Lebendiges verweisen. Dies alles soll so geschehen, dass die Predigt nicht doch von theologischen Subtexten inszeniert und damit wieder selbstreferent geschlossen wird. Das Geschehen soll offen bleiben, vielleicht sind die ökonomische Trinität und der in die Welt tretende und diese erhaltende Gott doch noch nicht am Ende! Wenn sogar Melanchthon die Frage der Trinität als Geheimnis offen hielt, dann fühle ich mich übrigens entlastet. Bei den Versuchen der Übersetzung theologischer Geheimnisse in die Sprache einer nicht-religiösen Welt darf die Erfahrung des Geheimnisses verschont bleiben. Dass wir Immanenz und Ökonomie auch mit dem Sowohl-als-auch beschreiben können, gehört zu diesem Geheimnis.

2.1.2. Konkrete Predigtsituation: In den Pfingsttagen des Jahres 2011 ist die Erinnerung an den Deutschen Evangelischen Kirchentag in Dresden („da wird dein Herz sein..." Mt 6,23) noch lebendig. Als kirchliches Großereignis in weitgehend säkularisiertem Umfeld setzte er unbekümmert Zeichen, die auch distanzierte Menschen ansprachen oder faszinierten. Dazu gehörten die großen Veranstaltungen auf dem Elbufer, ein rosa und grünes Farbenmeer und vielleicht sogar die erstaunliche Tatsache, dass die Bundeskanzlerin beim Kirchentagsbesuch nicht wie gewohnt ihr orangenes, sondern ein rosa Sakko trug. Gleichzeitig tobt im Land die Debatte um den Ausstieg aus der Kernenergie und es gibt scharfe Kritik am Kurswechsel der Bundesregierung in der Energiefrage.

2.2. Predigt: Liebe Gemeinde, an Pfingsten betritt der Hl. Geist die biblische Bühne. Erklären wir das ruhig wie ein Theaterstück. Pfingsten und der Geist Gottes in den Strassen Jerusalems sind der vorläufig letzte Akt des großen Heils- und Rettungstheaters Gottes für die Welt. Dieser letzte Vorhang des Erlösungstheaters Gottes erinnert an die Abschlussszenen der Theaterstücke von Shakespeare. Dort kommen am Ende alle Mitspieler noch einmal auf der Bühne und es ist insgesamt ein großer Aufstand im Theater. Unterschied zu Shakespeare ist. Bei ihm sterben oft alle oder bringen sich gegenseitig um. Dann ist das Theaterstück aus. Der Vorhang fällt. Das biblische Theater aber endet offen. Auferstehung statt Tod und wir warten gespannt auf das Nachfolgestück Kirche in dem wir auch eine Rolle spielen werden. Über der Heilsgeschichte Gottes mit den Menschen ist nämlich der letzte Vorhang noch nicht gefallen. Vorläufig kommen am Pfingsttag auf den Strassen Jerusalems in Shakespearescher Manier alle noch einmal auf die Bühne, die mitgespielt haben: Die Apostel erzählen von Gott dem Schöpfer, dem Vater Christi. Sie berichten von Jesus, den gemeinsamen Wanderungen und besonderen Momenten mit ihm. Sie erinnern an seinen Tod und die Auferstehung.

Plötzlich betritt aber eine dritte Kraft den Spielraum. Jesus hatte den neuen Mitspieler schon angekündigt als den Tröster, den heiligen Geist. Vater, Sohn und Hl. Geist: nun sehen wir sie miteinander und nebeneinander. Jener Geist erklärt wie manchmal der Harlekin im Theater, wie alles zusammengehörte und wir beginnen zu verstehen, wie Vater, Sohn und Hl. Geist die Geschichte gemeinsam ans Ziel bringen werden. Und als der Vorhang sich schon zu schließen beginnt, da steckt jener Geist während des vermeintlichen Schlussvorhangs sozusagen den Kopf heraus und er sagt: Aber die Geschichte geht weiter. Als Kirchengeschichte. Demnächst in diesem Theater. Und auf den Strassen Eurer Stadt. Schön, dass Ihr dabei seid.

Dann verlassen wir das Theater und beginnen auf dem Heimweg die Geschichte Gottes zu ordnen. Vater, Sohn und Hl. Geist. Wir versuchen in Eines zu bringen, was wir an Vielfalt erlebt hatten. Es ist manchmal eine verwirrende Geschichte von dreien, die aber immer spielten wie Einer. So blättern wir nach dem Verlassen des Theaters noch einmal das Programm durch. Und finden das heutige Predigtwort. Es ist so, als ob Jesus selbst Einiges zur Erklärung ins Programm geschrieben hätte. Es ist eine Erklärung, die wir eigentlich nur verstehen können, wenn wir das Stück von Gottes Heil vorher erlebt haben. Jetzt am Ende des Stückes werden alle verstehen, weshalb Jesus gehen musste. Denn er lässt uns nicht alleine, sondern schickt uns
einen Tröster. **8 Und wenn er kommt, wird er der Welt die Augen auftun über die Sünde
und über die Gerechtigkeit und über das Gericht; 9 über die Sünde: dass sie nicht an mich
glauben; 10 über die Gerechtigkeit: dass ich zum Vater gehe und ihr mich hinfort nicht
seht; 11 über das Gericht: dass der Fürst dieser Welt gerichtet ist. 12 Ich habe euch noch
viel zu sagen; aber ihr könnt es jetzt nicht ertragen. 13 Wenn aber jener, der Geist der
Wahrheit, kommen wird, wird er euch in alle Wahrheit leiten. Denn er wird nicht aus sich selber reden; sondern was er hören wird, das wird er reden, und was zukünftig ist, wird er
euch verkündigen. 14 Er wird mich verherrlichen; denn von dem Meinen wird er's
nehmen und euch verkündigen. 15 Alles, was der Vater hat, das ist mein. Darum habe ich gesagt: Er wird's von dem Meinen nehmen und euch verkündigen.**

Ein und derselbe / Liebesbande

Wenn wir noch nichts begriffen hätten, dann das Eine, dass da Bewegung ist in Gottes Geschichte. Sie ist ein Kommen und Gehen. Es beginnt allerdings mit schwerer Kost: Für das Geschenk des Hl. Geistes müssen wir einen hohen Preis zahlen und Christus aus der Welt in den Himmel zurückkehren lassen. Jesus geht und der Geist kommt. Unfreiwillig lernen wir hier, wie bei Gott die Dinge von einer Hand in die andere wechseln können. Wir hören von Jesus, dass bei dieser Bewegung Einiges noch ans Licht kommen soll über Wahrheit und Unwahrheit. Das Wichtigste aber steht am Ende der Programmerklärung: Bei all dieser Bewegung und

Veränderung bleibt Gott sich treu. Was Vater, Sohn und Geist tun, ist nicht nur das gleiche, sondern dasselbe Werk.

Auch wenn Gott als viel beschäftigter multipler Akteur auftritt, so verliert und spaltet er sich nicht auf den Wegen, so wie das uns manchmal passiert. Wären Vater, Sohn und Geist Menschen von denen wir reden, dann könnte ich jetzt sagen: Hier spielen Herz und Herz vereint zusammen. Darum geht es Jesus: Er ist und bleibt eins mit dem Vater, der Geist ist und bleibt eins mit ihm. Mit dieser Beschreibung sind wir bei einem der wichtigsten Werke des Hl. Geistes. Die Tradition nannte ihn das vinculum amoris, das Liebesband. Gott hat es für sich selbst und für die Menschen überall und um alles herum geschlungen. Dieser Geist hält und führt zusammen. Er setzt Liebesgeschichten in Gang.

Und er sorgt dafür, dass die Geschichten lebendig werden. Wo Liebesbande geknüpft werden, da tut sich was in uns, da tauen Herzen auf. Da finden getrennte Königskinder zueinander. Dieses Auftauen und die Wärme, das Aufleben und plötzlich mit den Augen der Liebe sehen können: Da springt der Funke über von der Bühne in den Zuschauerraum. Dass die Geschichte in uns lebendig wird, das ist das zweite wichtige Werk des Hl. Geistes. Deswegen ist das Stück, das wir sehen keine Tragödie der Weltrettung, kein Heldenepos das wir staunend bewundern, sondern die Geschichte einer leidenschaftlichen Liebe, die auch uns erfasst.

Directors chair – Wer sitzt im Regimente ?

Dies alles wird für uns in Szene gesetzt von der Trinitätslehre. Die Lehre von der liebevollen Dreisamkeit Gottes lässt uns sogar ein wenig in die geheimnisvolle Gotteskammer blicken. Wir sind überrascht, denn in diesem Zentrum der Macht geht es anders zu als in allen Machtzentren, die wir sonst kennen. Alles ist voll Harmonie, bestes Miteinander, liebevoller Umgang. So ist Gott, so sind die Akteure seiner Vielfalt. Sie sollten uns in ihrer Harmonie eigentlich zum Vorbild werden. Interessant oder eher beschämend ist dann, was die Kirchen und ihre Menschen im Lauf der Jahre aus dieser Geschichte gemacht haben. Wenn Kirchen im Namen des rechten Glaubens Grenzen ziehen und Menschen ausschließen, dann entfernen sie sich von dieser Geschichte. Denn diese will von ihren Zuschauern nicht nur schweigende Zustimmung und auch keinen wohlwollenden Applaus. Stehende Ovationen müssen es sein und dann, wenn man schon steht: Hinausgelaufen in die Strassen der Stadt und nachgespielt das Stück.

Hier beginnt der kritischste Moment. Es fällt uns nicht leicht, diese Geschichte in unseren Alltag mitzunehmen. Für uns fränkische Lutheraner ist Begeisterung sowieso ein schweres Geschäft, das unserem innersten Wesen zu widersprechen scheint. Formen überschwänglicher Begeisterung jenseits des gelassenen „passt scho“ sind uns eher fremd. Anfassen kann man den

Hl. Geist auch nicht. Das macht es noch schwerer. Außerdem haben wir uns alle gut eingerichtet in einer Welt, in der wir alles brauchen können, nur nicht Überraschungen.

Über eines sind sich Christen bei aller Zurückhaltung dann doch einig. Immer wieder mal springt der Funke über. Man bekommt den Hl. Geist immer wieder mal zu fassen, wenn auch nur in kurzen und flüchtigen Momenten. Da zaubert ein Kirchentag pink und grüne Hoffnungsspuren auf die Elbufer. Diese dürfen sich sogar im Sakko der angereisten Kanzlerin spiegeln. Da treffen sich, wie schon damals in den 80ern Soldaten und Friedensbewegte beim Abendmahl. Hier ist der Geist Gottes: Wir alle haben als Einzelmenschen und als Kirche die Lektion des Hl. Geistes doch gelernt und zwar dort, wo wir in gesellschaftlichen Konflikten Menschen zum Gespräch zusammen bringen. Wo wir die Stimme von Opfern werden. Wo wir Ungerechtigkeiten aufdecken und benennen, wo wir auf Mäßigung und Frieden dringen. Arg politisch kann es da plötzlich werden, aber der Hl. Geist lässt sich nicht einsperren auf engem Raum, erst recht nicht auf dem kirchlicher Eigeninteressen und Leisetreterei. Ein kräftiges Wehen des Geistes könnte sogar Frischluft in die alten Diskussionen bringen. Ich wünsche mir im Übrigen ein öffentliche Diskussion, in der es den Menschen nicht zum Nachteil ausgelegt wird, wenn sie nach schwerwiegenden Ereignissen ihre Meinung oder eine ganze Regierungsstrategie ändern, wie es in Sachen der Kernkraft gerade geschieht. Ist es nicht das, was wir uns wünschen? Muss man sich dafür wirklich tadeln lassen? Würden wir uns in unserem Leben nicht doch immer wieder eine Kaskade aus Überraschungen und Wechseln wünschen?

So gehen wir, beeindruckt von dem, was wir gesehen haben aus dem Theater nachhause. Und während wir auf dunklen Strassen in unsere Wohnungen und unseren Alltag zurückeilen geschieht etwas Märchenhaftes. Auf der Strasse begegnet uns der Harlekin aus dem Theater. Der vorhin schon verheißungsvoll seinen Kopf durch den Schlussvorhang steckte. Er breitet seine Arme aus und spricht. Hier ist Eure Bühne, Euer Stück hat schon angefangen. Ihr seid schon mittendrin. AMEN

3. 1.Mose 11 Das globale Konzert Turmbau zu Babel

3.1. Kontextualisierung

Die Geschichte vom Turmbau zu Babel kann gelesen werden als Genealogie des globalen und oft dissonanten Konzerts in den Köpfen der Menschen. Sie lässt den Schluss zu, dass die Klage über eine vielfältige und komplexe Welt älter ist als gedacht. Der Zerfall reflexiver Autonomie ist für die Bibel die Folge einer misslungenen Domestizierung der Welt. Das ist prophetisch. Bereits am Anfang der Bibel zeichnet sich die heutige Kritik an der Verfügbarkeit der Welt ab, wenn wir den cartesianischen Dualismus hinterfragen, der die Welt zum willenlosen Objekt des Menschen degradiert. Eine Fülle aktuellster Themen sammelt sich in dieser Geschichte. Sie zielt über Jahrtausende hinweg auf den Zusammenbruch der Autonomievorstellungen der ersten Moderne. Man mag tatsächlich fragen, ob der Mensch seit Babel jemals modern sein konnte. Wo sich die Welt dem Zugriff entzieht, wird sie vielfältig und vielsprachig. Die nachbabylonische Sprachverwirrung gibt den Blick auf das globale Dorf frei, in dem sich nicht einmal mehr die nächsten Nachbarn verstehen. Die Turmbaugeschichte ist jedoch nicht nur mit vielen gegenwartsanalytischen Möglichkeiten aufgeladen. Sie ist im Lauf der Kirchengeschichte zum Bestandteil einer Erzählung von der Sünde des Menschen geworden, die sich vom Paradies bis zum Kreuz erstreckt.

Die ersten Kapitel der Bibel können als eskalierende amartiologische Kausalkette gelesen werden. Tatsächlich erleichtert das manchmal das Verständnis der Texte. Jedoch gibt es keinen Grund, diese Geschichten als Beleg für ein mit Versagensvorstellungen aufgeladenes Menschenbild[70] zu lesen. Für diese Geschichte gilt, was schon beim Sündenfall angemerkt wurde: Sie ist verdichtete Erfahrung und gerade darin aktuell. Die Verfehlungen der Babylonier sind uns heute in einer Art und Weise gegenwärtig, die uns erschrecken lassen könnte. „Durch die Risse kommt das Licht zu uns." Mit diesen Worten beschreibt der Sänger Leonard Cohen die Erfahrung, dass Brüche wie der in Babel zwar den harmonischen Verlauf der Heilgeschichte stören, aber auch Durchblicke zulassen und in die Tiefe erlebter Geschichte führen[71]. Gerade im Bruch zeichnet sich die Referenz auf Unerwartetes ab. Die nachbabylonische Vielfalt der Menschheit (bzw. die nachbabylonisch unendlich diversifizierte Versammlung...) soll hier bewertungsfrei bleiben, also keinesfalls nur negativ assoziiert werden, auch wenn sie eng verknüpft ist mit den fordernden Entgrenzungserfahrungen der Gegenwart.

3.2. Predigt: Liebe Gemeinde, das ist eine ungeheuerliche und eine ungeheuerlich spannende Geschichte, die wir vom Turmbau zu Babel hören. Einmal brennt in ihr der Schmerz des Verlustes einer Einheit, die uns paradiesisch vorkäme, wenn wir sie noch hätten: Die Einheit

---

[70] Zur Problematik normativ wirkender Menschenbilder SCHOBERT, Einführung, s.9-35, zum Thema Sünde direkt: ebd. s.121ff.

[71] Und überhaupt treffen sich in einem solchen Umgang mit Brüchen und Katastrophen das Evangelium von der Gegenwart Gottes und diverse Erkenntnisse von Philosophen wie FOUCAULT und AGAMBEN zur kreativen Dynamik von Brüchen und Wechseln ganz wunderbar.

aller Menschen in Sprache und Religion und Kultur. Babel aber erklärt, warum Menschen sich nicht verstehen. Babel ist eine Art Gründungsurkunde für die traurige Erfahrung, dass wir Menschen uns immer wieder zu Wölfen werden, statt zu liebevollen Geschwistern.

Zum anderen ist der Turmbau auch die Geschichte vom so genannten modernen Menschen. Sie erzählt, wie er nichts frei und offen lassen kann. Sobald er eine Fläche sieht, beginnt er Ziegel zu brennen und sie aufeinander zu schichten. In diesem globalen Fleiß verliert er alle Räume sich auszubreiten und klagt nun vermehrt über den Verlust seiner Freiheit: Wo soll ich hin, wenn ich schon überall gewesen war? Nichts können Menschen in Ruhe lassen. Sie müssen sich ständig eintragen in die Welt und Denkmäler für sich bauen. Dabei geht etwas verloren von dem wir nicht so recht wissen, ob wir es überhaupt je besessen haben: Der unbesetzte Raum und mit ihm die Einheit unter den Menschen, dieser Paradiesfrieden der gemeinsame Sprache und Bedeutungen. Aber haben wir diesen Frieden wirklich jemals gehabt oder ist das Leben nicht auch schon vor Babel immer ein Kampf des Stärkeren gegen den Schwachen gewesen? Auch der homo sapiens ist nur ein Sieger aus dem Verdrängungswettbewerb, den der Neandertaler verlor.

Weit reicht die Geschichte des Turmbaus in unsere Vergangenheit zurück. Dennoch erkennen wir unsere heutige Welt wieder. Viele Menschen haben viele auseinander laufende und miteinander streitende Interessen. Sie finden keine gemeinsame Sprache mehr, auch wenn das die schwerwiegenden Probleme dringend erfordern. Irgendeiner schert immer aus auf den Klima- oder Armutsgipfeln. Irgendeiner meint immer die Herrschaftssprache sprechen zu müssen. Viele leidenschaftliche Eigeninteressen streiten in unserer Welt miteinander. Es ist die Welt über die wir manchmal traurig sind, weil der Wettbewerb der Sprachen in ihr keine glücklich-bunten Geschichten schreibt, keine reichen Harmonien liefert, sondern nur Missklang erzeugt und oft werden am Ende diejenigen zerstreut, die gestern noch einträchtig zusammenwohnten.

Erklärungsversuche

Man möchte fragen, was denn die Menschen in Babel getan haben, dass sie sich diesen Ausgang verdient hätten. Ist es wirklich so, dass Gott beleidigt ist und aus Angst um seine Machtinteressen die Menschen auseinander reißt? Nur weil sie einmal, wie jedes Kind das tut, versucht hätten einen Turm zu bauen? Oder könnte es sein, dass Gott sich ärgert über die Menschen, die keinen Raum unerfüllt lassen, nicht einmal den, der zum Schutz zwischen die Mächte des Himmels und die Erde gelegt ist? Dann wäre die Geschichte wenigstens nicht die des verletzten Gottesstolzes, sondern eine Geschichte aufgebrachter Elternsorge. Wie wenn ein

Kind mit ausgestreckten Fingern auf die Steckdose zuläuft, so droht Gefahr, meinen die Menschen des Alten Testaments, wenn Gott und die Menschen sich zu nahe kommen. Wenn es so wäre, dann könnte man Gottes heftige Reaktion verstehen. Aus der Strafe wäre dann ein Akt der Fürsorge geworden. Oder ist diese Geschichte noch einmal anders zu verstehen und ein erster erzählter Test nach der Sintflut? Sie wäre dann die Probe auf Gottes Versprechen an Noah: Was auch immer geschieht ich will den Menschen nicht mehr so strafen wie damals. Nicht die Welt, sondern nur ein Bauwerk fällt in Stücke.

Dennoch: Obwohl sich durchaus freundliche Verständnisse aufdrängen, bleibt diese Geschichte widerständig. Man könnte von Unverhältnismäßigkeit sprechen, von einem völlig überzogenen Gottesfluch. Dieser Fluch ist die Geburtsstunde der Vielvölkerwelt, der nationalistischen Eigenbrötlerei, des gewinnsüchtigen Individualismus. Es ist aber von unserer Seite nicht ganz einzusehen, dass wir mit unserer komplizierten, vielstimmig dissonanten Welt zahlen sollen für etwas was „gefühlt“ vor Ewigkeiten in einem fernen Land geschah.

Vielfalt als Schicksal

Es hat seinen Grund, dass wir ausgerechnet an Pfingsten von Babel hören. Das Pfingstgeschehen ist nämlich wie ein neutestamentlicher Kommentar zur Sprachkatastrophe von Babel. In den Gassen Jerusalems erzählen der Hl. Geist und die Predigt der Apostel diese Geschichte gleichsam zu Ende: Alle verstehen sich trotz der vielen Sprachen. Das ist ein spätes und glückliches Ende, eine gute Aussicht für die zerstreuten Völker. Pfingsten ist Heilung jener Babel-wunde und es macht auch klar, was die Aufgabe jeder Kirche ist, die sich auf Pfingsten als ihr Gründungsdatum beruft. Wir sollen Menschen ins Gespräch miteinander bringen, ihnen möglich machen sich zu verstehen und sich ernst zu nehmen. Wir haben die Häuser, in denen solches Verstehen von Mensch zu Mensch, von Mensch zu Gott ausprobiert werden kann. Mit ehrfurchtsoffenen Räumen und überraschenden Näheerlebnissen. Wir sollen zumindest, was die Verständnislosigkeit betrifft, die Geschichte von Babel zurück schreiben bis vor den Punkt, wo sich alle zerstreuen weil sie Angst vor der eigenen Vielfalt haben.

Mit dieser Aufgabenstellung ist Babel auch Berichterstattung einer ersehnten Umkehr. Oft haben wir sie ja erzählt als eine Problemgeschichte modernen technologischen Größenwahns. Die Antwort Gottes auf die Hybris der Moderne. Doch zeigen wir heute nicht mit dem Finger auf eine böse Wissenschaft, die Atome zertrümmert, Gene kombiniert und an Zellen bastelt. Wir stimmen heute nicht ein in eine wohlfeile Technologiekritik. Sehen wir auf den Pfahl im eigenen Auge und unsere babylonische Kirchengeschichte: Wir müssen dann eingestehen, dass Kirchen Menschen nicht nur zusammenbringen, sondern auch auseinanderführen und vereinzeln. Wir schaffen unsere Missverständnisse oft selbst. Es eine gewaltige Selbsttäuschung, wenn wir die vielen Konflikte unter den Konfessionen mit der Formel von der Einheit in der Vielfalt schönreden, einer Einheit, die nicht einmal das Einfachste und Selbstverständlichste zulässt, nämlich dass wir uns am Sonntagmorgen zum gemeinsamen Gottesdienst treffen. Eine Einheit in der Vielfalt, die nicht zulassen will, dass Frauen und Männer das gleiche Amt in der Kirche haben. Beim Blick auf die so Ökumene spüren wir unsere Schwäche: Hinter die seit Babel auferlegte Vielfalt können wir oft nicht mehr zurück, auch wenn wir das wollen. Unsere Fähigkeit zum Gemeinsamen liegt unter den Trümmern Babels begraben. Nicht einmal Hl. Geist hilft uns bei der Konstruktion einer tragenden Harmoniekuppel unter der wir unsere Vielfalt verbinden können oder sogar die alte Einheits- und Menschheitssprache rekonstruieren können in der wieder harmonisch zusammenkommt was einstmals zusammengehörte.

Vielfalt als Aufgabe

Doch das müssen wir auch nicht: Nicht einmal die Pfingstgeschichte unternimmt den Versuch zur Einheitssprache zurückzukehren. Der Hl. Geist lässt sich ein auf den Stand der Dinge, auf die vielen Sprachen der Kreter, Araber, Syrer und wie sie alle heißen. Als wolle er uns sagen: Wenn wir die Trümmer des Turmes schon nicht mehr zusammenkitten können – wir müssen es auch nicht. Der Weg zur Heilung kann beginnen, auch wenn der Scherbenhaufen noch vor uns liegt. Er beginnt mit dem Eingeständnis, dass man die Steine nicht mehr zu dem zusammensetzen kann, was vorher war. Was wir können ist: Wir arbeiten uns langsam durch den Scherbenhaufen des Turmes durch. Vielleicht reicht es, wie die Trümmerfrauen nach dem Krieg, die Steine zu sammeln, zu verladen und nach draußen vor die Stadt zu fahren. Schuttberge auf denen Jahrzehnte später im Winter gerodelt werden kann und im Sommer gepicknickt. Den einen oder anderen guten Stein werden wir aufnehmen und zur Seite legen, ihn betrachten oder bearbeiten um ihn später wieder einmal einsetzen zu können. An Pfingsten zeigt Gottes Geist, dass man sich verstehen kann, auch wenn man verschieden ist. Unser Beispiel für dieses innige Verstehen ist Gott selbst, der dreifach eins bleibt, in dem jeder: Vater, Sohn, Geist das Werk des anderen mittut. Gott selber zeigt uns, dass sich trotz Vielfalt gemeinsam leben lässt.

Babel bezeichnet also einen geschichtlichen Übergang, einen anthropologischen Bruch. Das Gefühl frageloser Einheit mit der Welt und mit anderen Menschen ist zerbrochen, aber wir müssen deshalb nicht untergehen und verzweifeln. Der Bruch führt ins Licht. Darum müssen wir doch nicht klagen über den Verlust der einstimmigen Welt. Denn es ist viel geschehen seit Babel. Gott hat die Geschichte der Zerstreuten weiter geschrieben: Sein Volk zog durch die Wüste. Menschen haben sich versklavt und wehgetan. Jesus kam in die Welt, wo er lebte und starb und auferstand. Die Jünger sind mit Jesus durch das Land gezogen. Fast hätten sie sich verloren nach seiner Himmelfahrt. Am Ende dieser Geschichte aber treffen sich alle wieder, die einstmals erschreckt auseinander gestoben sind. Sie feiern eine Art ersten Kirchentag auf den Strassen Jerusalems.

Sie singen und beten in vielen Sprachen. Gott hat dafür gesorgt, dass wir nach dem Verlust der einen Sprache nicht verstummen müssen. Singen, beten, feiern wir also mit. AMEN

4. Lukas 3,1-14 Gottes Paradigmenwechsel: Advent

4.1.1. Kontextualisierung: Stabil und berechenbar ist der Lauf des Kirchenjahres. Jeder Tag scheint geradezu unentrinnbar auf den nächsten zu weisen: Ankündigung, Geburt, Leiden... alles entwickelt sich in einer Art heilsgeschichtlicher Kausallogik. So wird die Zeit verstehbar, aber andererseits wird sie auch unentrinnbar. Gibt es zwischen diesen Extremen Gestaltungsmöglichkeiten? Sie entstehen dort, wo das unentrinnbar konsequentielle Gefälle der Heilsgeschichte von anderen Verständnissen durchbrochen wird. Mein reflexiver Kontext dieser Predigt ist ein Geschichtsverständnis wie es z.B. Michel Foucault geprägt hat: Dort werden Diskontinuität und „logische Brüche“ als entscheidende Momente verstanden. Die Vorstellung einer auf ein Ziel zulaufenden Entwicklung wird verabschiedet. Advent ist dann weniger ein Schritt in der Heilsgeschichte, dem weitere folgen. Advent ist Dämmerung von Durchbruch, Ankündigung von Gottes Paradigmenwechsel im Umgang mit dem Menschen. Jetzt sind neue Sichtweisen und Konstruktionen möglich, mit deren Hilfe ein Reframing bisheriger Normalität und Verständnisse erfolgen kann[72]. Noch einmal: Diskontinuität bedeutet nicht zwangsläufig die Auflösung und den Ausschluss des Bisherigen, sondern manchmal nur eine neue Sitzplatzverteilung in den Zuschauerreihen des Predigttheaters. In dieser Sicht verliert der Advent jede Selbstverständlichkeit und entzieht sich widerständig der religiösen Sozialisation und Ritualisierung. Der ruppige Bußprediger Johannes ist Repräsentant dieser Vorstellung, wenn er die Axt an die Wurzel gelegt sieht.

4.1.2. Aktuelle Situation: Die Predigthörer kämpfen mitten im Advent gegen Übersättigung. Seit Ende der Sommerferien werden Weihnachtsbäckereien verkauft, seit Ende November stehen Weihnachtsmärkte in den Städten. Jeder Tag zählt und dient weniger zur persönlichen Vorbereitung des Festes, sondern viel mehr zur Sättigung der Märkte. Deshalb kann eine

[72] So verstehe ich AGAMBEN, Signatur Rerum zum Paradigmenbegriff s.36 ff. vgl. auch die gesamte Diskussion um Paradigmenwechsel.

menschenfreundliche Predigt auch die Einmaligkeit und Bedeutsamkeit dieser Zeit herausarbeiten.

4.2. Predigt: Liebe Gemeinde, wir läuten den Advent ein. Ankunft ist in der Bibel nicht nur ein bestimmter Zeitpunkt, sondern ein roter Faden, der sich durch ganze Epochen zieht. Es ist also sinngemäß, wenn ich Ihnen zum heutigen Predigtwort noch ein Vorwort gebe.

Lukas 3,1-14 **Im fünfzehnten Jahr der Herrschaft des Kaisers Tiberius, als Pontius Pilatus Statthalter in Judäa war und Herodes Landesfürst von Galiläa 2 als Hannas und Kaiphas Hohepriester waren, da geschah das Wort Gottes zu Johannes, dem Sohn des Zacharias, in der Wüste. 3 Und er kam in die ganze Gegend um den Jordan und predigte die Taufe der Buße zur Vergebung der Sünden, 4 wie geschrieben steht im Buch der Reden des Propheten Jesaja (Jesaja 40,3-5): »Es ist eine Stimme eines Predigers in der Wüste: Bereitet den Weg des Herrn und macht seine Steige eben! 5 Alle Täler sollen erhöht werden, und alle Berge und Hügel sollen erniedrigt werden; und was krumm ist, soll gerade werden, und was uneben ist, soll ebener Weg werden. 6 Und alle Menschen werden den Heiland Gottes sehen.«**

Und nun liebe Gemeinde beginnt die Adventspredigt des Johannes:

7 Da sprach Johannes zu der Menge, die hinausging, um sich von ihm taufen zu lassen: Ihr Schlangenbrut, wer hat denn euch gewiss gemacht, dass ihr dem künftigen Zorn entrinnen werdet? 8 Seht zu, bringt rechtschaffene Früchte der Buße; und nehmt euch nicht vor zu sagen: Wir haben Abraham zum Vater. Denn ich sage euch: Gott kann dem Abraham aus diesen Steinen Kinder erwecken. 9 Es ist schon die Axt den Bäumen an die Wurzel gelegt; jeder Baum, der nicht gute Frucht bringt, wird abgehauen und ins Feuer geworfen.

10 Und die Menge fragte ihn und sprach: Was sollen wir denn tun? 11 Er antwortete und sprach zu ihnen: Wer zwei Hemden hat, der gebe dem, der keines hat; und wer zu essen hat, tue ebenso. 12 Es kamen auch die Zöllner, um sich taufen zu lassen, und sprachen zu ihm: Meister, was sollen denn wir tun? 13 Er sprach zu ihnen: Fordert nicht mehr, als euch vorgeschrieben ist! 14 Da fragten ihn auch die Soldaten und sprachen: Was sollen denn wir tun? Und er sprach zu ihnen: Tut niemandem Gewalt oder Unrecht und lasst euch genügen an eurem Sold!

Liebe Gemeinde, der Täufer Johannes kommt uns heute als Adventsstörer. Seine Predigt ist hart und will nicht in diese Zeit passen. Gerne nennen wir diese Wochen vor Weihnachten immer noch die besinnliche und friedliche Zeit, auch wenn der Tiefgang unserer Besinnungen immer flacher wird und die Summe der eigentlich unnötigen Erledigungen wächst. Hier stört Johannes mit harten Worten und Beschimpfungen: „Ihr Schlangenbrut, die Axt ist schon an die Wurzel gelegt, der Baum ins Feuer geworfen und... wenn Gott wirklich was zum Liebhaben und Pflegen sucht, dann könne er sich ja aus Steinen Kinder erwecken!" Das also ist die Predigt des Adventsstörers Johannes und es fragt sich, warum wir sie am 3.Advent hören sollen, diese unfreundlichen Worte, die ich Ihnen nur zumute, weil es die Auswahl der Predigtworte befiehlt.

Zwifacher im Advent

Zwei Teile hat die Johannesrede: Es gibt Beschimpfung und Drohung, ich habe kurz darüber gesprochen. Doch dann wechselt der Ton. Es scheint kaum zu passen, aber nach krachendem Anfang gibt sich Johannes plötzlich taktvoll. Johannes ermahnt die Zöllner, nicht etwa den Zoll abzuschaffen, sondern lediglich sich an die Gebührenordnung zu halten. Die Soldaten dürfen weiterhin den Frieden sichern, das Land an seinen Außengrenzen verteidigen. Sie sollen nur die Zivilbevölkerung in Ruhe lassen und Gewaltexzesse vermeiden. Wer zu essen hat gebe dem, der nichts hat. Das alles fällt uns nicht so schwer. Das kriegen wir hin und man muss sich fragen, warum Johannes denn am Anfang so hochgegangen ist: „Ihr Schlangenbrut, die Axt am Baum." Sie erinnern sich....

Natürlich können wir seine Kritik beim Wort nehmen: Etwas Konsum- und Kapitalismuskritik ist im Advent immer wieder angebracht, die Kunst der Besinnung auf „das Wahre" blüht sowieso. Auf den zweiten Blick hat die Johannespredigt ganz andere Seiten. Nach der Kritik kommt die Entspannung. Am Ende steht ein bürgerlicher Pflichtenkatalog für Staatsbürger, Zöllner und Soldaten. Ja sogar an die weihnachtlich zu verschenkenden Hemden und Leckereien hat der Täufer gedacht: **Wer zwei Hemden hat, der gebe dem, der keines hat; und wer zu essen hat, tue ebenso.** Zwifacher im Advent.

Der Anfangstakt ist vertraut, die adventlich vertraute Einleitung bekannt: »**Es ist eine Stimme eines Predigers in der Wüste: Bereitet den Weg des Herrn und macht seine Steige eben!**
5 Alle Täler sollen erhöht werden, und alle Berge und Hügel sollen erniedrigt werden; und was krumm ist, soll gerade werden, und was uneben ist, soll ebener Weg werden.
6 Und alle Menschen werden den Heiland Gottes sehen. « Und dann der Wechsel. Was also ist die Nachricht zwischen diesen Worten von Aufregung bis zu Beruhigung? Was hat uns dieser Prediger des Herrn zu verkündigen? Es ist etwas Besonderes. Damit uns die Ohren aufgehen ist es notwendig, dass Johannes das gerade Taktmaß unserer Adventsroutine durchbricht. Überraschenderweise geht er aber nicht los auf Lametta und Rauschgoldengel. Nichts

auszumachen scheint ihm unsere selbst gewählte Unmündigkeit und Gefangenschaft in Adventskitsch. Kein Wort über die unerträglich süße Dudelei langweiliger Weihnachtsgesänge aus allen Lautsprechern. All das scheint ihm nichts auszumachen. „Sollen sie doch.“ sagt er. Überraschenderweise zeigt sich: Johannes der Adventsstörer will heute diesen Advent nicht stören.

Aber wach machen wollte er uns. Und uns davor bewahren, dass wir knapp am Advent vorbeigehen. Diese Wochen sind nicht nur die Zeit in der wir alte Familienerbstücke hervorholen. Advent selbst ist ein Störung und zwar eine gottgewollte Störung unseres Zeit und Weltgefüges. Advent ist die Zeit, in der die Axt an die Wurzel gelegt ist und in der jene Bäume ins Feuer geworfen werden, die keine Frucht gebracht haben. Advent ist eine Zeit der Veränderungen und Entscheidungen. Advent ist der Widerspruch gegen die schon vorgezeichnete Geschichte, gegen Langeweile, Routine und Zwangsläufigkeit. Man kann es kaum glauben: 2000 Jahre nach Johannes ist die Adventszeit ins kollektive kulturelle Gedächtnis eingetragen und nicht aus ihm zu löschen.

Leben in bedeutenden Zeiten

Advent ist ein Stück unserer Kultur geworden und wir feiern ihn nach allen Regeln eines bürgerlichen Ritualbuches. Genau in dieser Selbstverständlichkeit aber liegt die Gefahr, den Advent zu verfehlen. Denn eigentlich ist nichts selbstverständlich in dieser Zeit. Es ist die Zeit, in der sich Gott auf den Weg macht. In dieser Zeit beginnt Gott einen Strich durch oder gegen unsere Wirklichkeit zu ziehen. Im Übrigen konsequenter als wir es glauben. Mit dem Warten auf das Christkind beginnt auch die Geschichte des Kreuzes. Mit jedem Adventstag treten wir weiter ein in die Zeit Gottes. Sie hat ein Gefälle, welches weit über das Kreuz hinausweist. Am Ende der Zeit, einmal am jüngsten Tag wird alles anders werden. Um mit Johannes zu sprechen, ist die Axt an die Wurzel unserer Zeit gelegt. Wir leben also in bedeutenden Zeiten. Die Bedeutung kommt nicht aus all den Musiken, die wir aufführen, nicht aus dem heimelig veränderten Angesicht unserer Stadt, kommt nicht aus dem großen Aufwand den wir betreiben. Die Bedeutung kommt aus dem, was Gott in diese Zeit gelegt hat.

Wie lebt man in bedeutender Zeit, da die Axt an die Wurzel gelegt ist und in der das Feuer schon brennt? Das ist auch die Frage des Johannes. Die Lösung des Rätsels liegt nicht etwa in den harten Worten vom Anfang, ein jedes wie ein Faustschlag ins Gesicht... Die Lösung liegt im eher unspektakulären Ausgang der Johannespredigt und in relativ bescheidenen Forderungen, mit denen sich Johannes zufrieden gibt. Rätselhaft war ja schon diese Wende von der Axt an der Wurzel, vom Feuer für die Bäume zu den gemäßigten Aufforderungen zu ein bisschen Friede, ein bisschen Freude, ein bisschen Freundlichkeit. Es sieht so aus, als wäre der laute Rufer in der Wüste selbst gepackt worden vom Zauber des friedvollen Advent. So könnten wir uns von ihm ermutigt werden, das Eine zu tun und das Andere nicht zu lassen.

Neue Zeit, neue Rechnungen

Bevor wir uns jedoch packen lassen von den schönen Adventsregeln des Johannes, bevor wir anfangen Hemden zu verschenken und Brot für die Welt Tüten zu füllen, wollen wir noch einmal innehalten. Und darüber nachdenken, dass unsere Taten und Werke in der neuen Zeit Gottes ganz eigen zu beurteilen sind. Das Rechnen der alten Welt verlangt ein „Immer mehr". Weiter und schneller, schöner als im letzten Jahr so lautet das Motto der olympischen Weihnachtsanstrengung und es etabliert sich darum eine ganze Industrie. Doch um neue Adventsbestleistungen geht es nicht, denn die Zeit Gottes zählt ja anders. Es beginnt Gnadenzeit, die Zeit anderer Bilanzen. Es ist gut, dass wir jedes Jahr für ein paar Wochen daran erinnert werden.

So wollen wir der Versuchung entkommen am 3.Advent einen letzten Aufruf zu starten für gute Advents- und Weihnachtswerke. Ich gehe sowieso davon aus, dass Sie alle das tun. Es geht darum, die guten Werke in ihrer neuen Zeit zu begreifen. Sie selbst als Vorboten zu sehen. Sie gewinnen dadurch Bedeutung über sich selbst hinaus und stellen eine Störung für jeden langweiligen Advent dar. Hoffentlich auch eine Störung von Adventsunlust und Müdigkeit. Wo man dann sagt: Mir reicht es langsam. Sondern versteht: Wir leben in einer aufregenden Zeit. Das ist genug. Die Axt ist an die Wurzel gelegt von Langeweile und Hoffnungslosigkeit. Ins Feuer geworfen werden Desinteresse und Erschöpfung. Alles ist wichtig, was wir tun und das ist gut so. AMEN

5. Philipper 4,4-7 Global Christmas I

5.1.1. Kontextualisierung: Alte Feste und Gebräuche haben in der Zeit entgrenzter Lebenserfahrung eine besondere Bedeutung, denn sie bedeuten heimatliche Orte der Sicherheit. Die globale Welt darf auf diese Weise einmal regionalisieren und klein werden. Gleichzeitig geschieht in dieser Partikularisierung nicht etwa Fragmentierung, sondern eine Verdichtung des Großen, die dann doch wieder reflexiv[73] das ganze und Weite erfasst[74]. In den Einkaufszentren

[73] Hier in der zweiten Bedeutung von Reflexivität zurückwirkend auf...

[74] Hiersei noch mal an das Sphären-Werk Sloterdijks mit den dortigen Verdichtungen, aber auch an die Knoten der Netzwerke erinnert. Zur globalen Mobilität und globalen Heimat: BONß Wolfgang/

der Staaten am arabischen Golf werden vermehrt Christbäume aufgestellt. Weihnachten ist aus den Wohnzimmern ausgebrochen und so etwas wie eine weltumspannende Heimat geworden. Das Fest lockt im Übrigen nicht nur mit Konsumerlebnissen. Vorweihnachtliche Regressionsmöglichkeiten in Kindheitserfahrungen (Weihnachten wie damals, Großmutters Backstube...) versprechen eine reflexive Pause. Hierin liegt möglicherweise die Haltbarkeit des Weihnachtsfestes durch alle „Modernen" hindurch. Noch immer geht fast die Hälfte der Deutschen am Heiligen Abend in die Kirche. Gleichzeitig liegt in der Überschaubarkeit und Vertrautheit der Advents- und Weihnachtsgeschichte die Gefahr einer Verfehlung, denn Advent und Weihnachten sind keine idyllischen Rückzugsorte, sondern Statements Gottes in die Welt hinein. Der Tendenz zur Privatreligion soll gewehrt werden, damit das Advents- und Weihnachtsgeschehen nicht seine ursprüngliche Bedeutung als Durchbruch Gottes in die Welt verliert. Advent und Weihnachten sind eine Ansage in der Zeit, für die Zeit. Sie sind auf Veränderung (Transformation) und Wirkung bedacht. Sie sind eine wirkende, heilende und verändernde „Sprachinstitution" für die Welt[75].

5.1.2. Aktuelle Situation: In den Vorweihnachtswochen des Jahres 2009 trübt allerdings die unwürdige Vorstellung der Länder auf dem großen Klimagipfel die Stimmung. Eine Nachfolgeregelung für das Kyoto-Protokoll und neue Klimaziele konnten wegen Streitigkeiten um CO2-Emissionen nicht erreicht werden. In der Presse kursiert ein Bild des so dynamischen amerikanischen Präsidenten. Ratlosigkeit und Verzweiflung sind ihm in das Gesicht geschrieben. Die Versuchung sich auf eine private Weihnachtsvorbereitung zurückzuziehen ist in diesen Tagen besonders groß.

5.2. Predigt: Liebe Gemeinde! Seid ohne Sorge! Entspannt Euch und macht Euch locker! Seid nett und genießt das Leben! Ich begrüße Sie mit dieser Kurzfassung des Predigtwortes. Sie ist natürlich unerhört, weil man solche Lockerheit nicht in der Kirche erwartet. Am 4.Advent wären wir als wachsame Christen bereit für den letzten Bußruf, oder auch den letzten Trost über all dem, was wir nicht mehr schaffen werden. Stattdessen hören wir entspannte und gelassene Worte, wie man sie sich in der Vorweihnachtszeit kaum vorstellen kann. Phil 4,4-7 **4 Freuet euch in dem Herrn allewege, und abermals sage ich: Freuet euch!** 5 **Eure Güte lasst kund sein allen Menschen! Der Herr ist nahe!** 6 **Sorgt euch um nichts, sondern in allen Dingen**

KESSELRING Sven/ WEIß Anna, „Society on the Move", Mobilitätspioniere in der Zweiten Moderne, s.258-280 in BECK / LAU, Entgrenzung

[75] Zu Transformation, Wirkung und Reichweite religiöser Sprache über den privaten Bereich hinaus LATOUR Bruno, Jubilieren, s.225

lasst eure Bitten in Gebet und Flehen mit Danksagung vor Gott kundwerden! 7 **Und der Friede Gottes, der höher ist als alle Vernunft, bewahre eure Herzen und Sinne in Christus Jesus.**

„Den lieben Gott einen guten Mann sein lassen…"

Sorget Nichts. Macht Euch locker und lasst den lieben Gott einen guten Mann sein. „Sorget euch um nichts!". Wir hören die Nachricht, doch der Glaube könnte uns fehlen. Denn wir wissen genau: So wird es nicht Weihnachten. Ich meine, wenn wir den lieben Gott eine guten Mann sein ließen jetzt so kurz vor dem Fest. Wo kämen wir da hin? Wir würden eine Spur der menschlichen Enttäuschung hinterlassen, wenn wir Ehegatten, Kindern und Enkeln nichts einpacken. Wenn wir nicht wie immer Geschenke, Weihnachtsbaum und Würstchen mit Kartoffelsalat vorbereitet hätten!

Wir freuen uns nicht nur auf ein paar ruhige Tage, sondern auch auf den Geruch oder den Klang, der uns seit Kinderzeiten gerade an den Weihnachtstagen fast schon „unerbittlich" verfolgt und nicht mehr loslässt: Ohne Zimtsterne – natürlich wie sie Großmutter buk – wird für mich bestimmt kein Weihnachten. Sogar entspannte und konsumkritische Pfarrhäuser werden von solchen Stimmungsböen erfasst, aber dann gilt erst recht: Sorgt Euch um nichts… Lasst den lieben Gott einen guten Mann sein. Weihnachten wird es dann doch von selbst:

Außerdem weiß ich: Ich habe es bis jetzt jedes Jahr doch noch geschafft, oft mit vereinten Kräften. Predigten waren fertig, Geschenke eingepackt, irgendwie kamen Weihnachtsbäume in die dazugehörigen Ständer und blieben auch da drin. Der schon erwähnte Weihnachtskartoffelsalat wurde auch rechtzeitig geschnippelt, so dass er noch etwas Aroma entwickeln konnte… Perfekt war ich und ich bin dabei in die Weihnachtsfalle gelaufen, die sogar gestandenen Pfarrern droht: Ich meine doch glatt, ich hätte es schon gemacht und jedes schon gekaufte Geschenk hätte mich der Sache ein Stück näher gebracht. Habe ich mich doch glatt verloren in den Angelegenheiten und Erledigungen. Und wäre vor lauter Eifer vorbei gelaufen an der Sache des Apostels. Freuet Euch, sorget nicht! Ich wäre jetzt beinahe der schlimmsten Gefahr des allgemeinen Weihnachtsgefühls erlegen: Der Verniedlichung und Banalisierung jener großen Geschichte. „Sorget nicht" das gilt nämlich nicht nur an einem heiligen Abend. „Sorget nicht" ist kein one-night stand mit dem lieben Gott, der für viele nach 2 Tagen vorbei ist. Jenes „Sorget nicht" gilt über das Fest hinaus „Sorget nicht und freuet Euch...," das reicht weiter als alle Weihnachtsgeschäfte, die wir erledigen können.

Daueradvent in Philippi

Um das zu verstehen müssen wir kurz in die Entstehungszeit des Philipperbriefs reisen und es wird keine so weite Fahrt: Die Menschen die wir vor fast 2000 Jahren in der Stadt Philippi treffen, dort in Nordgriechenland bei der heutigen Stadt Kavala, also diese Menschen sind uns ähnlich. Es sind ziemlich aufgeklärte, moderne Menschen. Als Bürger eines globalen römischen Reiches erleben sie auf neu gebauten Strassen ungeahnte Mobilität. Technische Errungenschaften wie fließendes Wasser machen Ihnen das Leben leichter. Man schimpft über Steuerlast und die Regierung in Rom. In den Städten gibt es die Freude am Konsum, unzählige Freizeitangebote.... Ich will damit sagen: In vielen Teilen können wir die Worte des Philipperbriefes Eins zu Eins auf unser Leben übertragen, die Sorge inklusive. In einer Stadt wie Philippi gibt es aber auch Menschen, die nach einem anderen Lebensentwurf suchen, als ihn die Gesellschaft vorgibt. Die Menschen der Christengemeinde gehören dazu. Apostel Paulus und seine Schüler haben eine Gemeinde gegründet, die attraktiv ist, weil dort Menschen ernster genommen werden als anderswo. Weil dort manche Konvention und Regel über den Haufen geworfen wird. Die Lebensregel dieser neuen Gemeinden lautet z.B. so:

Eure Güte lasst kund sein allen Menschen! Der Herr ist nahe!

Diese Grundverfassung ist attraktiv und manchmal scheint von der Gotteserwartung ein Licht in die Gegenwart der Philipper zu fallen. Man könnte sagen, es ist Daueradvent in einer Zeit in der noch niemand Weihnachten kennt. In dieser Gemeinde werden ständig Kerzen angezündet: Lichter der Nächstenliebe durch eine sehr pragmatische Fürsorge für Arme und Notleidende, Lichter der Hoffnung durch Gottesdienste und Gebete. So wird das gewesen sein in den dynamischen Anfangstagen der Christenheit und es fragt sich nun, welche Lektion der Geschichte wir daraus lernen sollen. Brauchen wir einen solchen Daueradvent? Sind wir überhaupt fähig zu Dauerfreude und Dauersorglosigkeit? Bleiben wir realistisch. Wir haben schon Grund, jene Gemeinden zu beneiden, die damals die Schnur des Glaubens so straff und gespannt hielten. Diese Haltung haben wir oft nicht. Wir haben uns eingerichtet in der Welt. Wir wollen uns lieber in die Gesellschaft integrieren als uns abgrenzen. Wir planen also weltklug und weltoffen und weil wir seit 2000 Jahren als Gemeinde Christi in der Welt unterwegs sind haben wir die jugendliche Sorglosigkeit der ersten Christengemeinden vergessen. UND DENNOCH...

Dennoch hören wir jene alten Worte. Dennoch haben wir jenen Sturm und Drang der ersten Tage in unserer gottesdienstlichen Mitte und sind grundsätzlich aufgefordert, daraus gute Nachricht zu nehmen: **Sorget euch um nichts. In ALLEN Dingen lasst Eure Bitten kundwerden.**

Globalized Christmas

Es geht um die Globalisierung des Glaubens, in allen Dingen! Es geht um die Globalisierung des Weihnachtsfestes. In allen Dingen! Sagt Philipper. Wir sollen die Sache mit Gott nicht auf unsere heimischen Herrgottswinkel, Tannebäume, auch nicht auf diesen Kirchenraum beschränken. Unsere ungestümen Glaubensvorfahren ziehen keine vorsichtige Grenze zwischen dem privaten und dem öffentlichen Leben. Sie meinen, dass alle Dinge Gott brauchen. Ich stimme Ihnen zu und sage: Vor allem brauchen wir Gott dort, wo Weihnachten und sein Friede vom Tisch gewischt werden, als wenn es noch nie ein Weihnachten gegeben hätte. Gehen wir nach Afghanistan, wo sich unsere Soldaten aufreiben in Scharmützeln mit den Taliban. Erinnern wir daran, dass nicht nur die Gefallenen und Verwundeten zu Opfer werden, sondern auch jene die sich in den kommenden Lebensjahrzehnten bei jedem lauten Geräusch ducken werden. Reden wir von der Bitterkeit und Enttäuschung die sich breit macht, wenn wir erfahren, dass wir mit Steuern Spekulationsdesaster finanzieren, aber in unseren Schulen die Lehrer die Klassenzimmer streichen müssen und das Lehrmaterial aus eigener Tasche bezahlen. Lassen wir den Sonntagsfrieden über dem enttäuschenden Ausgang des Klimagipfels, aber: Haben wir das alles im Bewusstsein und hören dann die Worte des Philipperbriefes: 6 **Sorgt euch um nichts, sondern in allen Dingen lasst eure Bitten in Gebet und Flehen mit Danksagung vor Gott kundwerden!** Diese Worte gelten nicht nur den Herausforderungen der Vorweihnachtszeit. Es wäre doch mit Kanonen auf Spatzen geschossen, wenn die ganze Geschichte Gottes mit den Menschen nur dazu geschehen wäre, damit wir als wohlhabende Christen ab und zu Seelenruhe in unserem selbst verursachten Weihnachtsstress hätten. Die Welt benötigt mehr als ein bisschen Weihnachtsfrieden, ein bisschen Weihnachtsruhe und ein bisschen Weihnachtswaffenstillstand. Weihnachten hat Kraft und Bedeutung für mehr. Wenn man sich das klarmacht, dann verdampfen Weihnachtsfrust und Festmüdigkeit wie nichts!

Weihnachtsverfassung

Die Verfassung der neuen Weihnachtswelt nach Philipper kommt ohne Christbäume aus, aber sie enthält Freude, Sorglosigkeit und das Gefühl, dass sich neue Lebensmöglichkeiten öffnen. Vor 2000 Jahren berührte Gott das Gefühl der Menschen, sie könnten nichts drehen am Rad der Geschichte. Über Jahrhunderte hatte sich der Eindruck gefestigt, man könne nichts mehr tun und diese Welt sei nicht mehr zu retten. Das kennen wir doch. Dieses Gefühl wir würden auf einen Abgrund zu treiben, die Lotsen sind von Bord, der Steuermann meldet Ruderschaden. Damals hat Gott eingegriffen und ein Zeichen gesetzt. Er hat die Geschichte auf den Kopf gestellt. Er hat uns den Anfang eines Hoffnungsweges in die Krippe gelegt. Wenn wir diese Geschichte feiern und sie vorbereiten, dann bringen wir uns in Erinnerung, dass es viele

Hoffnungsmöglichkeiten gibt. Und zwar wie Philipper sagt: In allen Dingen. Dieses Jahr liegt in meiner Krippe ein Bild. Es ist das Zeitungsfoto mit dem ratlos zerknirschten Gesicht des amerikanischen Präsidenten. Sein Gesichtsausdruck steht für viele Menschen. Für enttäuschte Hoffnungen, Erschöpfung oder Zukunftsängste. Gleich neben die Krippe werde ich das Bild legen. Das weiß ich. Und dann noch entspannt den Rest der Sachen erledigen. Aber eben nicht vergessen, dass alles in einem größeren Rahmen geschieht. AMEN

6. Micha 5,1-4 Global Christmas II: Klein Bethlehem als Weltinnenraum des Weihnachtsfestes

6.1.1. Kontextualisierung: Der Kirchenbesuch gehört auch für kirchendistanzierte Menschen zum Heiligen Abend. Sogar kritische Prediger haben im Lauf der Jahre gelernt, emotionale und diffuse religiöse Haltungen zu respektieren. Kanzelkritik an den „Weihnachtschristen" ist heute selten geworden. Im Netzwerk der Weltdynamiken bildet Weihnachten einen Knoten, eine Verdichtung. Dort treffen Wirklichkeitsdeutungen zusammen und transformieren Denken und Handeln, wenn es gut geht sogar über die Festtage hinaus. Die ganze, vermehrt auch die nicht-christliche Welt gerät in den Sog des Weihnachtsfestes. Dort strömen mediale Aufheizung der Gemüter, Konsumaktivitäten und emotionale Bedürfnisse zusammen. Die Welt selbst wird für eine kurze Zeit zum „Weltinnenraum des Weihnachtsfestes"[76]. Biblisch bildet sich dieses Thema in messianischen Vorstellungen, in der Weltübernahme durch den Heiland quasi typologisch ab. Damit überschreitet die Weihnachtsdynamik die oft hilfreiche Heuristik von Psychologie und Soziologie. Messianisches Denken assoziiert dramatische Umbrüche, es sei hier nur an Walter Benjamins Überlegungen zum Begriff der Geschichte und an seine Darstellung des „Engels der Geschichte" erinnert. An Benjamins Deutung interessiert vor allem die Auseinandersetzung mit echten und falschen messianischen Angeboten in einem weltgeschichtlichen Horizont. Die Reichweite des Textes von Klein-Bethlehem wird deutlich und fast unfassbar. Klein-Bethlehem ist das globale Weihnachtsdorf.

6.1.2. Aktuelle Predigtsituation: Der Kirchenbesuch am 1.Weihnachtstag gleicht in keiner Weise der Massenbewegung des vorigen Abends, aber diejenigen die da sind, suchen

---

[76] Ich beziehe mich auf: Sloterdijk Peter, Im Weltinnenraum des Kapitals, Frankfurt 2005. Sloterdijk schildert hier den globalen Erfolgsweg der Wirtschaft und löst die Erfahrung der Totalökonomisierung der Welt so auf, dass er in diesem „Kristallpalast" Raum für verdichtete Erfahrungen komprimiert wird als eine Art Antithese zur globalen Beweglichkeit, Beliebigkeit und Verfügbarkeit ausgedehnten Raumes.

Feierlichkeit und große gottesdienstliche Gestaltung der Themen um Inkarnation, Christologie, Soteriologie... Dieser Gottesdienstgemeinde darf auch in der Predigt Einiges zugemutet werden und der „große Horizont“ darf von der liturgischen Gestaltung transportiert werden: Großes Gloria und Nizänisches Glaubensbekenntnis gehören in die Gottesdienstfeier.

6.1.3. Predigt: Liebe Gemeinde,

Heute am 1.Weihnachtsfeiertag wird Weihnachten global. Die Sonne ist seit gestern Abend einmal um die Welt gezogen. Auch das letzte Land der Erde ist nun in den heiligen Abend gegangen. Ein römischer Geistlicher wird die Welt weihnachtlich segnen. Gestern noch waren wir bewusst und begeistert provinziell. Wir versetzten uns in eine kleine Stadt. Wir waren bei den Hirten im Stall- und Herrgottswinkel sozusagen. Gestern haben wir uns klein gemacht, damit wir eingehen können unter der niedrigen Decke des Stalles von Bethlehem.

Heute schon breitet sich Weihnachten aus. Wie eine Karawane. Mit den Autos die zu den Familien fahren. Wir öffnen uns und verlassen das Seelenkämmerlein, das wir gestern gerne, friedlich und verdientermaßen bewohnt haben. Heute wird Weihnachten erwachsen und global. Heute schon wird sich Weihnachten bewähren müssen.

Tatsächlich: Die weltweite Macht des Weihnachtsfestes ist unumstritten. Fest steht, dass das Geschehen in jenem israelischen Dorf seit 2000 Jahren Wirkungen hinterlassen hat und für einige Tage das Gesicht der Erde verändert. Diese Veränderung beweist nichts, aber es kann uns nicht unberührt lassen, wiesehr Gottes Weihnachten unsere Welt beeinflusst. Für eine kurze Zeit ist Gottes Geschichte nicht nur eine von vielen Möglichkeiten des persönlichen Glaubens. Für eine kurze Zeit ist die ganze Welt einmal aufgehoben in einem Stall, im Weihnachtsfest... Solche Wirkungen des Weihnachtsfestes beweisen nichts. Sie können uns aber ermutigen. In diesem Sinne hören wir den Propheten Micha. **1 Und du, Bethlehem Efrata, die du klein bist unter den Städten in Juda, aus dir soll mir der kommen, der in Israel Herr sei, dessen Ausgang von Anfang und von Ewigkeit her gewesen ist. 2 Indes lässt er sie plagen bis auf die Zeit, dass die, welche gebären soll, geboren hat. Da wird dann der Rest seiner Brüder wiederkommen zu den Söhnen Israel. 3 Er aber wird auftreten und weiden in der Kraft des HERRN und in der Macht des Namens des HERRN, seines Gottes. Und sie werden sicher wohnen; denn er wird zur selben Zeit herrlich werden, so weit die Welt ist. 4 Und er wird der Friede sein.**

b) Vom weltweiten Weihnachten möchte ich heute erzählen und Prophet Micha hilft mir dabei. Ich möchte erzählen, wie Weihnachten einen Anspruch auf unsere Welt legt. Dazu werde ich sehr unevangelische Beweismittel benutzen: Die Geschichte und unser Erleben. Das ist insofern ungewöhnlich, als wir evangelische Christen üblicherweise auf solche Beweismittel verzichten. Wir sind gewohnt, aus dem Wort zu leben, das Gott uns jetzt zuruft oder auf unseren Weg stellt. Doch wenn Gott Mensch wird, dann dürfen auch Menschendinge eine Rolle spielen und wir dürfen ihn überall finden. Die Wiederentdeckung unserer eigenen Geschichte ist sozusagen ein Weihnachtsgeschenk Gottes an uns. Wobei „Geschichte" ein schlechter Ausdruck ist: Was wir Geschichte oder Historisch nennen, das ist ja oft nur eine Aneinanderreihung und willkürliche Anordnung von Jahreszahlen, Herrschern, Kriegen und daraus folgenden Deutungen. Gott wollte nicht Geschichte schreiben in jenem Sinne. Er hatte nicht im Sinne jemals als das Jahr 0 gezählt zu werden, von dem alles folgerichtig ausgeht. Anstelle der üblichen Geschichtshelden hat Gott sich die übersehenen Nebendarsteller ausgesucht: Witwen, unscheinbare Schafhirten und normale Leute, dazu manchen verschrobenen Schriftgelehrten: Er hat sie zu Helden, zu Vätern und Müttern, zu Identifikationsfiguren unseres Glaubens gemacht. Immer wieder taucht dabei ein Motiv auf: Das Unbeachtete soll wichtig, das Kleine erhöht werden. Das Jahr 0, das Kind in der Krippe, die kleine Stadt als Nabel der Weltgeschichte, das ist der Anfang einer anderen Geschichte als der von Herrschaften und Königreichen. Die Nullsumme ist das geschichtliche Anfangskapital. Wo aber will Gott hin mit dieser ganz anderen Geschichte? Die Worte aus dem Michabuch sind handfest: Von Heimkehr ist die Rede. Vom getrennten Volk das sich wieder findet. Von Herrlichkeit und Frieden. Das ist der Traum.

Weltenhorizont Weihnachten

Mit seinem Traum lebt der Prophet in der großen Geschichte seiner Tage und dorthin denkt er sich seinen Gott. Seine Vision überschreitet das Private, denn Gott ist ihm wichtig über alles. Gerechtigkeit ist für ihn nicht Moral, sondern selbstverständliche Folge des Glaubens. Kurz vor unserem Predigtwort schreibt Micha von Speeren die zu Sicheln, von Schwertern die zu Pflugscharen werden. Hüten wir uns aus Respekt vor Micha an diesem 1.Festtag vor jeder Form von Innerlichkeit und Niedlichkeit.

Aber um es deutlich zu sagen. Gerne nehmen wir die wunderbaren Selbstverwirklichungen emotionaler und seelischer Natur an, die uns das Weihnachtsfest bietet. Freuen wir uns doch an den Familientreffen und manch heilsamer Routine des Festes. Freuen wir uns an wohltuender Müdigkeit und Zeit für Gespräche. Dabei wollen wir allerdings nicht übersehen, was uns hier ganz klar vorgelegt wird: Die Weihnachtsgeschichte ereignet sich nicht nur für unsere persönliche Ergriffenheit, für ein paar private gute Tage. Sie ist keine Wellnessmaßnahme Gottes für unser Seelenheil. Übersehen wir nicht, dass diese uns so berührende Geschichte in unsere Welt kommt und in den großen Plan vom Weltenlauf. Sie hat eben auch zu tun mit Schwertern und den Königreichen unserer Welt. Stellen wir doch erfreut fest, dass sie unsere Geschichte nicht unberührt lassen wird, die private ebenso wenig wie die der Welt hoffentlich! Aus dem GESTERN NOCH ist über Nacht ein HEUTE SCHON geworden und der Weg geht weiter. Die Weihnachtsgeschichte ist in diesen Tagen nicht nur Traditionsbestand mitteleuropäischer christlicher Wertekultur. Sie ist Zukunft.

Messianische Zeit

In meine un-evangelische Beweisführung über den messianischen Charakter dieser Tage möchte ich nun ein weiteres Beweisstück einführen: Unser Erleben! Wir erleben diese Festtage oft als etwas Kritisches, d.h. Entscheidendes. Weihnachtstage sind der Zeitpunkt für persönliche Bilanzen, für die Frage: Und bist du zufrieden? Es erleichtert die Situation nicht, dass dies auch die Tage des Jahresabschlusses sind. Auf jeden Fall gehen wir wacher, aufmerksamer, vielleicht auch neugieriger durch unsere Welt. Wir ahnen, dass die Worte dieser Tage Gewicht haben und bedeutsam sind. Wir hören die Musik heute im Gottesdienst und wissen, dass sie viel mehr ist als nur akustische Garnitur. Sie erzählt vom Messias und vom Messias kann man nie unbeteiligt erzählen. Sie spiegelt etwas von Größe und Glanz einer Zeit von der wir plötzlich das erwarten können auf das wir nicht zu hoffen wagten.

Die Zeit der Erwartungen und Hoffnungen ist spannende Zeit. Es ist die Zeit, in der die Sonne über dem Horizont zwar aufgeht, es aber noch nicht ganz hell ist. Es ist die Zeit in der alles schon da ist und doch noch etwas dauert. Es ist die Zeit in der das Kind in der Krippe liegt, aber noch nicht seine Herrschaft aufgerichtet hat. Es ist die Zeit des Weihnachtsfriedens, der noch kein Weltfriede ist. Es ist die Zeit der geöffneten Augen, die aber noch keinen Weg sehen können. Es ist die Zeit der Nacht, die sich wendet aber noch kein Tag ist. Es ist Weihnachten das wir gestern und heute feiern. Es ist die Zeit in der wir leben.

Deshalb ist es richtig, dass wir Weihnachten intensiv erleben. Als einen der jährlich wiederkehrenden Prüfpunkte für unser Leben, als Entscheidungszeit, als dichte Zeit in unserem Leben. Nicht nur für Micha, nicht nur für das Volk der Israeliten, auch für uns ist es messianische Zeit. Es gehört dabei zur Zeit des Messias, dass wir sie nie ganz im Griff haben. Auch das erleben wir in den Weihnachtstagen: Schnell schlägt Faszination in Erschöpfung um, Erleben in Sattheit, Zufriedenheit in persönliche Verletzung. Man kann an Weihnachten viel richtig machen und viel falsch. Es ist ein brüchiges und gefährdetes Fest. Messianische Zeit kennt keine vorgefertigten Antworten, aber eine Menge von Aussichten. Messianische Zeit ist voller Risiko. Wir haben nicht längst alles im Griff. Wenn wir diese Tage haben, dann sind sie ein wahres Geschenk und möglicherweise geht uns wie manchmal bei Geschenken. Wir packen aus und ermessen noch gar nicht, was da vor uns liegt.

So haben wir auch dieses Jahr das Weihnachtsfest wie ein Geschenk aus Gottes Hand genommen. Wir haben uns gefreut und dennoch nicht alles schon verstanden. Doch das Verstehen und zu Ende bringen dieser Zeit ist nicht Alles. Im Haus der Geschichte sollen Fenster und Türen offen stehen für Zukunft und Unerwartetes. Und manchmal müssen wir auch durch diese Türen gehen. So wie Weihnachten aus unseren Häusern in die Welt geht.

Gehen Sie mit und machen Sie Entdeckungen! AMEN

7. Global Christmas II 1.Korinther 13,1-13 Unseliges Hohelied

7.1.1. Kontextualisierung: Die große Herausforderung der 2.Moderne ist das Setzen von Entscheidungen und Grenzen, die Entwicklung einer eigenen Moral in einer Welt, die sich von normativen Institutionen verabschiedet hat. Das Hohelied der Liebe bei Apostel Paulus ist für viele Menschen über Glaubensgrenzen jedoch eine Art von Institution geworden. Dem Gemeindepfarrer wird das in vielen Begegnungen, vor allem auch mit Brautpaaren deutlich. Allerdings sind diese bekannten Worte schwierig, denn durch die oftmalige Wiederholung haben sie möglicherweise ihren Nachrichtenwert verloren. Ich entscheide mich, die bekannten Worte des Paulus nicht als Leuchten an den Himmel zu hängen. Viel wichtiger ist mir, ihren Weg nachzuerzählen und ihre „evangelische“ Botschaft zu berichten: Es gibt auch im modernen Leben Räume, in denen wir nicht gestalten müssen. Im Kontext der Biographie des Paulus und des Damaskuserlebnisses ergibt sich so eine Erzählung von Gott, der uns manchmal entgegenkommt oder sogar in den Weg tritt.

7.2. Predigt: Tja – liebe Gemeinde,

welch ein „unseliges Predigtwort“. Unselig, weil man es durch jede Predigt nur schlechter machen kann. Man müsste schweigen und sich einfach freuen. Denn jede Predigt wäre wie eine Entzauberung, ein erklärter Zaubertrick oder die unromantische Beschreibung eines Kusses als lediglich Austausch von Körperflüssigkeiten. Was für ein unseliges Predigtwort. Dieses Wort macht alle Predigt arbeitslos.

Denn bei diesem Bibelwort nickt jeder mit dem Kopf. „Ja so ist es und so ist es gut.“ Es ist eines der Bibelworte, die sogar Nichtchristen oder Zweiflern freundliche Zustimmung entlocken. Paulus erzählt von der Liebe, wie sie von Gott gedacht ist und wie sie auch sein soll. Selten fällt es uns so leicht Gottes Wort zuzustimmen, wie beim Klang des Hohelieds der Liebe aus dem 1.Korintherbrief. Selten motivieren Bibelworte solche Begeisterung und Energie, genauso leben zu wollen, wie es geschrieben steht. Glaube, Hoffnung und Liebe, die Liebe die Größte! Und so selten gelingt es uns, das zu leben, was wir zutiefst innerlich bejahen und was wir in unserem Herzen schon längst als den einzig richtigen Weg erkannt haben.

Der Mensch

So selten es gelingt es uns… und das ist – glaube ich der Ort an dem eine Predigt ansetzen darf, auch wenn sie den Zauber dieser Worte und ihre sich selbst erklärende Kraft ernst nimmt. Die Liebe will dann, dass der Prediger ausnahmsweise einmal weg vom Wort Gottes auf den Menschen oder die Gemeinde sieht, für die es gemeint ist.

Wir fragen uns, wie es denn zu diesem Hohelied der Sanftmut und Liebe kam. Denn der Apostel Paulus so sagt man, war ein nicht gerade unverkrampfter Mensch. Er wurde auch schon einmal von Bitterkeit, Melancholie oder Jähzorn getrieben. In seinen Gemeinden versuchte man zwar von Anfang an geschwisterlich zusammenzuleben, doch gab es immer wieder Unstimmigkeiten: Über die Kasse der Gelder für Witwen und Waisen. Über das besonders heftige Gebet einer Gottesdienstbesucherin. Darüber was in der Gemeinde wie zu tun sei. Darüber wie man das Abendmahl feiern solle, über so manche Versuchung der Außenwelt… Die ersten Christen waren ebenso menschlich wie wir auch. In ihren Herzen fand sich so manche Verwerfung, mancher Kleinmut und auch manche Lieblosigkeit.

Da fragt sich nur wie diese Leute, diese Normalbürger aus Korinth zu solch großen und schönen Worten kommen. Haben Sie vielleicht eine ganz besondere Kunst des Liebens beherrscht, eine geheimnisvolle Lebenskunst gekannt in der unsere Kleinmütigkeit geöffnet und verwandelt wird? Kommen Sie so auf das Hohelied der Liebe? Oder sind sie so gescheitert, dass Paulus ihnen wie Kindern Schritt für Schritt das Wesen der Liebe erklären muss?

You can`t make me love you

Aber es könnte für diese Worte keine größere Fehldeutung geben als die, in ihnen ein Handbuch und ein Erfolgsrezept für die Kunst des Liebens zu sehen. Auf den ersten Blick sieht es allerdings so aus, denn alles was hier erzählt ist von Selbstlosigkeit, von Disziplin, diese selbstbewusste Exklusivität der Liebe, diese Vision, das braucht es zur Liebe. Das sind die

Zutaten, ohne die es nicht geht. Gut, dass es einmal klar gesagt wird. Doch gibt es so viele Lieben in denen all dies vorhanden war: Das Opfer, die Selbstlosigkeit, die Disziplin, all das, dazu noch Kinder und ein schönes Haus... und dennoch sind diese Lieben gescheitert. Auch in diesen Tagen verlieren sich Ehepaare, Eltern und Kinder, Freunde obwohl sie es doch so gut miteinander meinen. Entfernen sich Menschen, die eigentlich nichts anderes wollen, als sich nahe zu sein...

Womit wir beim wahren Geheimnis der Liebe wären. Nämlich, dass sie sich nicht machen lässt. Dass sie unverfügbar ist. Sie lässt sich nicht trainieren, nicht leistungssteigern oder planen. Eigentlich wissen wir das schon längst. Wir können nichts tun, damit uns jemand liebt der uns nicht lieben will. Wir schaffen es auch nicht, Missverständnisse und Enttäuschungen zu vermeiden. Und trotzdem laufen wir der Liebe nach, als wenn es nichts Schöneres und Erstrebenswerteres gäbe in unserem Leben. Gegen alle Vernunft lassen wir die Gefühle zu. Ich habe als Pfarrer so manchen 85jährigen erlebt, der mit seinen 2jährigen Urenkeln noch eine letzte starke Lebensphase begann. Ich habe Freunde, die haben in Jahrzehnten Ehe manche Steilstrecke hinter sich gebracht und es gibt für sie noch immer so viele Arten gelingender, gelebter Liebe. Das Wagnis Liebe packen wir immer wieder an, obwohl es nicht unbedingt und nicht nur Erfolg verspricht. Wenden wir uns dem Wort des Paulus zu, denn dort müsste erklärt sein, was die Liebe trotz mancher Schwierigkeiten so wunderbar und erstrebenswert macht. Am Menschen alleine kann es nicht liegen....

Das Geschenk

Den Schlüssel finde ich im letzten und größten Satz dieses Hoheliedes der Liebe: 13 **Nun aber bleiben Glaube, Hoffnung, Liebe, diese drei; aber die Liebe ist die größte unter ihnen.** Glaube, Hoffnung und Liebe, das ist nichts was wir machen können. Wir kommen wieder zurück zum Eigentlichen der Liebe, nämlich, dass sie ein Geschenk ist. Sie kommt auf uns zu, ohne dass wir etwas getan haben. Es ist beim Glauben nicht anders. Natürlich kann man das Eine oder Andere üben und lernen wie unsere Konfirmanden. Aber für uns Evangelische ist Glauben dann doch eine Möglichkeit, die uns Gott eröffnet und schenkt, eine Tür die er uns aufmacht.

Und die Hoffnung? Da werden sie fragen: Ist das nicht dieses mutige, nie verzagte Gefühl welches wir gegen alle widrigen Umstände mobilisieren? Geht es da nicht um Ausdauer, Disziplin, zusammengebissene Zähne? „Man darf die Hoffnung nie verlieren..." Doch dann haben wir bei der Hoffnung genau wie bei der Liebe das Ergebnis nicht in der Hand. Hoffen und Harren macht manchen zum Narren und sie sind trotzdem oft das Einzige, was uns gerade noch über Wasser hält. Außerdem scheinen in Glaube oder Hoffnung einige der menschlichen Zutaten auf, die eine Liebe lebendig machen können: Die Disziplin, die Vision, der Blick nach vorne, der Glaube...

Zuletzt treibt Paulus diese Aufzählung auf die Spitze, wenn er die Liebe nennt. Was bisher als Glaube geistlich hochstrebend klang, was im Wort von der Hoffnung fast schon die Vorstellung preußischer Pflicht- und Tugendethiken mobilisierte... Alles was gerade noch als hohe Lebensmoral etwas distanziert über unseren Köpfen schwebte, all das landet mit der Liebe nun in unseren Herzen. Und erzeugt dort ein Durcheinander aus Gefühlen und Denken, Einfühlsamkeit und Starrsinn, Instinkten, Seele und Körper. Da bringt die Liebe zusammen, was eigentlich nicht zusammengehört. Deshalb darf sie bei Paulus in einem Schlussakkord all das andere zu sich nehmen. Denn sie ist die Größte! Und nun merken Sie liebe Gemeinde, dass auch ich langsam beginne in ein Hohelied der Liebe abzuheben! Doch bevor ich das gänzlich tue und ich mich sowohl in der Größe, als auch im Chaos des Liebensentwurfs verliere, kehre ich zurück auf die Erde und zu uns Menschen.

Was ist Liebe?

Zurück nun zu uns Menschen. Wir, die wir alles tun, um Liebe zu bekommen. Wir, die wir so oft an der Liebe scheitern. Ich werde nun nicht sagen, was zu tun und was zu lassen ist. Höchstens was die Liebe für uns sein könnte. Vielleicht sollte ich am Ende daran erinnern, dass alles was Paulus sagt, mit der Liebe Gottes zu tun hat. Paulus zieht also nicht die Summe aus einer langen Geschichte glücklicher menschlicher Liebeserfahrungen. In seinem Hohelied der Liebe erzählt er von GOTT und von seinen persönlichen Erfahrungen mit Christus. Zum Beispiel, dass Gott auf ihn zukommt, als er gerade alles andere als liebenswert ist, weil er nämlich die Christen in Damaskus ans Messer ihrer Verfolger liefern will. Da erlebt Paulus, dass Gottes Liebe ihn umwirft, blind macht, ihn dann wieder auf die Beine stellt und ihn in ein neues Leben führt. So, dass Paulus die Welt neu sehen lernt durch die rosarote Brille der Gottesliebe sozusagen. Ich finde, davon könnte ich erzählen. Oder davon, dass wenn Paulus sich mit seinen neuen Gemeinden streitet, dass dem Choleriker zuletzt doch meist der Weg der Versöhnung und des Friedens die Lösungen zeigt. Diese Erfahrungen und mit ihnen die Geschichte Jesu prägen unser Verständnis von Liebe und das ist gut so.

Zurück zu uns Menschen. Warum hat Paulus wohl jenes Hohelied der Liebe aufgeschrieben? Wenn es weder zur Ermahnung oder Gebrauchsanweisung dient, dann wohl zur Ermutigung. Und zur Erinnerung oder zur Aufklärung. Unser Lieben welches uns so beschäftigt, manchmal auch gefangen nimmt und ganz ausfüllt, steht immer auch in einem größeren Rahmen. Das kann entlasten. Wir müssen nicht alles tun und herbeilieben. Nicht bei Gott und nicht bei den Menschen. Und das ist gut so. Die Liebe ist ein Geschenk. AMEN

8. Micha 4,2-5 Bruchstücke vom Himmel: Dekonstruktion des Christentums?

8.1 Kontextualisierung: Es ist nicht eindeutig, ob im ständigen Strukturierungszwang einer entgrenzten Welt die Vorstellung vom grenzenlosen Himmel eine Entlastung oder eine zusätzliche Belastung darstellt. Der französische Philosoph Jean-Luc Nancy stellt solche Fragen in seinen Überlegungen zur „Dekonstruktion des Christentums". Er fragt an, ob der Himmel nicht eine Ablenkung vom Eigentlichen sei, nämlich dem notwendigen Versuch, die „dunkle, harte und im Raum verlorene Erde zu öffnen..."[77]. Am Horizont zeichnet sich für ihn die Gefahr ab, dass zuviel Metaphysik zur Lieblosigkeit gegenüber der Welt führt. Die Bibel erzählt immer wieder von einem Gott, der möglicherweise weniger am Himmel interessiert ist, als die ihm nach-denkenden Philosophen und Theologen. Seine Worte sind einfach und klar und der Erde zugewandt (5.Mose 27,8). Wenn Gott in dieser Weise an der Welt interessiert ist, dann wäre es möglich, ihn zum Mitwirkenden an einer Dekonstruktion jenes (kirchlichen) Christentums[78] zu machen, das oft weltflüchtig, weltfremd oder weltfeindlich ist.

8.1.2. Aktuelle Situation: In den Tagen dieser Predigt zeigt sich die Welt klein und einsam, dazu zerrissen von Extremen: Der Finanzmarkt kämpft mit der Schuldenkrise wohlhabender Länder wobei auch die Schuldenländer einen Lebensstandard haben, um den sie andere beneiden würden. Am Horn von Afrika verhungern Menschen, weil Ihnen die nötigsten Lebensmittel fehlen. In Deutschland wird zudem des 50.Jahrestags des Berliner Mauerbaus gedacht.

8.2. Predigt: Liebe Gemeinde,

hier ist meine Zeitung (Prediger zeigt Zeitung). Mit all ihren so verschiedenen Nachrichten. Ich lese über die Hungerkatastrophe am Horn von Afrika (etwas weiter hinten), über den neuen Isarpark in München, über eine Theateraufführung. In der Erlanger Zeitung lese ich die Sportnachrichten, über Verkehrsunfälle und immer die Todesanzeigen. Meine Zeitung erzählt

---

[77] NANCY Jean-Luc, Dekonstruktion des Christentums, Zürich 2008, Zitat s.7

[78] Verstanden nach VEYNE Paul, Als unsere Welt christlich wurde, München 2008

von Managern, Künstlern, Opfern der Wirtschaft und analysiert den Aufreger dieser Tage: Die Schuldenkrise (immer auf den ersten Seiten).

Zwischen all den Meldungen suche ich nicht nur nach Neuem, sondern immer wieder auch nach etwas, was ich die „Nachricht vom guten Leben“ nennen würde. Ich suche nach einem Stück Glaubwürdigkeit, nach etwas Ehrlichkeit, nach einer Ermutigung und vielleicht auch nach einer Meldung aus dem kirchlichen Bereich. Das erst würde die morgendliche Lektüre rund machen und den Start in den Tag erleichtern.

Und wie gesagt: Gerne würde ich immer wieder mal was aus dem Bereich des Glaubens finden und zwar nicht nur Meldungen über Missbrauchsfälle und den Geldmangel der Kirchen. Die ganze Bibel ist ja durchzogen von dem Gedanken, dass die gläubigen Menschen sichtbar sein sollen in der Welt und ihr sogar einen Stempel aufdrücken sollen. Jesus hat vom Salz der Erde gesprochen und vom Licht das weithin sichtbar sein solle (Evangelium dieses Sonntags). Ganz in diesem Sinne grüßt uns der Prophet Jesaja mit einem Wortbild vom Hause und Berg Gottes. Alle die dorthin gehen, sollen ihre Spuren auch in der Welt hinterlassen.

2 Es wird zur letzten Zeit der Berg, da des HERRN Haus ist, fest stehen, höher als alle
Berge und über alle Hügel erhaben, und alle Heiden werden herzulaufen, 3 und viele
Völker werden hingehen und sagen: Kommt, lasst uns auf den Berg des HERRN gehen,
zum Hause des Gottes Jakobs, dass er uns lehre seine Wege und wir wandeln auf seinen
Steigen! Denn von Zion wird Weisung ausgehen und des HERRN Wort von Jerusalem.
4 Und er wird richten unter den Heiden und zurechtweisen viele Völker. Da werden sie
ihre Schwerter zu Pflugscharen und ihre Spieße zu Sicheln machen. Denn es wird kein
Volk wider das andere das Schwert erheben, und sie werden hinfort nicht mehr lernen,
Krieg zu führen. 5 Kommt nun, ihr vom Hause Jakob, lasst uns wandeln im Licht des
HERRN!

Der Ruhetag des Herrn – keine Dienstanweisungen

Ich will ehrlich sein: wenn ich in die Kirche gehe, dann denke ich mir: Es ist Sonntag und ich werde zufrieden aus der Kirche gehen, wenn ich etwas gestärkt und etwas ermutigt bin. Ich werde zufrieden sein, wenn ich eine Idee bekomme, wie ich da und dort etwas ein bisschen besser machen kann. Am Sonntag muss mir kein Pfarrer sagen, was in Fukushima los ist oder in Afrika. Das krieg ich auch so mit. Ich lese ja Zeitung. Und keiner muss mir sagen, was ich drüber denken soll… Was ich allerdings schätze ist, wenn ich nach einer Predigt irgendetwas besser verstehe von dieser Welt, deren glückliche und unglückliche Resonanzen meine Zeitung füllen.

So hoffe ich, dass Jesaja mir heute keine Dienstanweisung geben will, sondern etwas über die Welt erklärt. Ich habe mich ja schon schwer gewundert, wie der Prophet alle Dinge in Eines wirft. Er sagt: Der Mensch ist **immer** mit Gott unterwegs. Entweder er geht zum Berg Gottes, oder er kommt von ihm. Entweder er ist getrieben von der Sehnsucht nach der Nähe Gottes, oder er erfüllt von ihr. Und dann habe ich mich gefreut, als ich Lied EG 318 entdeckte das Wochenlied für den heutigen Sonntag. Dieses reformatorische Lied aus prophetischer Zeit trifft genau den Ton des Jesaja. Über die Strophen des Liedes wird alles verhandelt, politische Konflikte und soziale Gerechtigkeit, aber auch die Wirtschaft und die persönliche Haltung aus Gewinnsucht und Freigiebigkeit. Das ergibt das Bild eines Lebens in dem die Dinge zusammenhängen und im Übrigen auch eine letzte Richtung haben: Wir werden die Krone des Lebens haben.

Es ist im eine sehr optimistische Haltung in den Worten des Jesaja und des alten Liedes. Dort sind Politik und Bildung noch nicht zu Funktionen der Wirtschaft verkommen, die zwar Fehlentwicklungen ausgleichen, aber keine eigenen Impulse mehr setzen können. Dort arbeiten noch die Kräfte zusammen, die wir heute in einzelne Lebensbereiche getrennt haben. Die Politik weiser Landesfürsten darf die Religion befördern, der Glaube darf nach der inneren Wirtschaft der Dinge fragen. Er darf die Welt durchwandern.

Eine wunderbare Geschichte – möchte man sagen – diese Idylle, dass wir immer mit Gott unterwegs sein können. Dass in unserem Leben alles gelingt und alles zusammengehört. Ein Leben in dem die harten Fakten und die weiche Weltüberschreitung des Glaubens nicht mehr getrennt sind. Ein grenzenlos hoffnungsfrohes und reiches Leben, in dem alles auf unsere persönliche Krönung im Himmelreich (Krone des Lebens) hinauslaufen darf.

Bruchstücke vom Himmel und realistische Ziele

Aber genau hier hat die Geschichte einen Haken. Unsere Welt hat vom Himmel nur kleine Bruchstücke. Wenigstens das immer wieder: Mal ein Erfolg. Mal ein Glück. Mal ein Friede und Versöhnung. Träumen und streben wir aber über diese bruchstückhaften Glückserfahrungen unseres Lebens und Glaubens hinaus, dann kommen wir an unsere Grenzen. (Und überhaupt zeigt die Erfahrung, dass alle Gottesstaaten, die es in der Geschichte gegeben hat früher oder später zu Diktaturen und Kriegstreibern wurden, also zum teuflischen Gegenbild ihrer selbst.). Da könnte eine Aufforderung zum Friedensstaat a la Jesaja schnell zur Überforderung werden. Denn wir bekommen das einfach nicht hin, selbst wenn wir uns bis heute beim staatstragenden Tun auf die Bibel und auf Gott berufen. Ich will mich in der Predigt darum bemühen, dass uns die schönen Worte des Jesaja nicht zum Gericht und zur Überforderung werden, sondern Evangelium bleiben, d.h. uns Möglichkeiten aufzeigen.

An dieser Stelle kommt mir ein moderne Denker, der Philosoph Jean Luc Nancy zur Hilfe. Er sagt: Wenn man immer mit Gott unterwegs ist, wenn man immer nur zum Himmelreich schaut, dann verliert die Welt ihre Grenzen. Dann verschwimmt alles in einer großen Offenheit. Die verschluckt uns und lässt uns am Ende fragen, ob wir denn überhaupt noch glücklich werden können in einer ständig unendlich nach oben geöffneten Welt. Wenn wir ständig danach streben, die dunkle und kleine Welt zugunsten eines höheren und besseren zu verlassen, verlieren wir mit dieser Welt dann nicht auch die einzigartigen und besonderen Momente unseres Lebens? Mit solchen Gedanken schickt uns ein religionskritischer Philosoph vom Berg Gottes hinunter in die Welt. Es ist die Welt der Spieße und Sicheln. In ihr sind wir zuhause. Sie wartet vor den Kirchentüren auf uns.

In der Welt habt ihr…

Überraschenderweise sind die visionären Worte Jesajas geprägt von großem Realismus: Schwerter zu Pflugscharen, Spieße zu Sicheln – das ist machbar sogar in einer einfachen Dorfschmiede! Die Form ändert sich, die Grundlage bleibt. Es geht nicht darum, die Dinge an sich zu verändern, es geht nicht um den großen grundsätzlichen (ontologischen) Gegenentwurf. Wir müssen die Welt nicht neu erschaffen oder ihr Sein grundsätzlich verändern. Es reicht, wenn wir den Dingen eine besondere, manchmal eine andere Richtung zu geben. Pflugscharen und Sicheln weisen uns hin auf eine mögliche Welt. Sie ist uns ganz erreichbar, auch wenn wir deren Phantasie manchmal im Dickicht der täglichen Meldungen verlieren. Das entlastet uns von einer überdehnten Friedensmoral, die uns dann überfordert, wenn wir ständig den Frieden schaffen und erschaffen müssen, der so fremd ist auf unserer Welt.

Das klingt bescheiden und für manche vielleicht sogar erschreckend realistisch. Ich weiß, dass ich zu Zeiten der Nachrüstungsdebatte solche Gedanken nicht hätte hören wollen. Ich bin froh, dass ich die Welt damals anders verstand und mich mit aller Kraft eingesetzt habe gegen Nachrüstung und Rassentrennung. Gerade das Bild von den Pflugscharen hat uns und viele Menschen in der damaligen DDR angefeuert. Könnte es sein, dass wir ein bisschen weiter sind als vor 25 Jahren und Manches anders sehen können? Die Schwerter sind zerbrochen, nun müssen wir nur noch lernen aus dem Vorhandenen noch bessere Werkzeuge des Friedens zu machen und Pflüge, ja Pflüge und Saatgut für Afrika…

Die mögliche Welt des Gottesbergs

Jesaja erzählt vom Berg des Herrn. Der steht wie eine Burg aus Hoffnung über dem Land. Ein fester Berg ist unser Gott. Für mich war der Gottesberg in unserer Welt immer ein Stück Ihrer Wirklichkeit, so wie unsere Neustädter Kirche eben da ist, mitten in der Stadt, unverrückbar, unübersehbar. Deshalb war für mich die kleine und dunkle Erde immer offen für eine andere Wirklichkeit. Ich habe stets vom Gottesberg Träume und Hoffnungen mitgenommen. Sie gehörten zu meiner dunklen und harten Erdenheimat untrennbar dazu.

Vielleicht treffe ich mich hier sogar wieder mit dem kritischen Philosophen. Der meinte, dass das Gebet das einzig Reale im Glauben sei.... Und zwar jenes Gebet, das die ständige Ausrichtung auf eine bessere Zukunft und all das, was wir noch wünschen könnten, verloren hat. Er meint jenes Gebet, das den ständigen Wunsch und die ständige Bitte nach Perfektion (sei sie gesundheitlich, moralisch, politisch oder ökonomisch) aufgegeben hat. Und sich solchermaßen befreit, quasi wie von selbst für Anderes öffnen kann.

Das Andere ist für mich dann wieder nicht die große andere Welt, der Himmel auf Erden. Das Andere ist für mich jene Begegnung mit Gott und mit seinen Menschen, die mir Mut macht, die Dinge hier einmal zu drehen und zu wenden und anders anzugehen... **Kommt, lasst uns auf den Berg des HERRN gehen, zum Hause des Gottes Jakobs, dass er uns lehre seine Wege und wir wandeln auf seinen Steigen! AMEN**

9. Lukas 10,38-42 Das Eine jetzt und das Andere später – vom guten Teil

9.1. Kontextualisierung: Reflexiver Dauerstress, ständiges Aufräumen der Welt, die kreative Erfindung von Doppelstrategien: Nachdenken und Handeln. Man lebt nicht machtlos in der Zweiten Moderne und tut sein Bestes oft mit erstaunlichem Erfolg. Die Bibel kennt solche Belastungen, die wir als Hin und Her Gerissensein zwischen notwendiger Kontemplation und gebotener Aktion erleben. Betrachtet man das biblische Zeugnis als Ganzes, so ist es eigentlich unmöglich, aus der Bibel eine Entweder-Oder Entscheidung für einen politisch-aktiven oder kontemplativen Glauben abzuleiten. Idealisierungen zum Einen wie zum Anderen entsprechen nicht dem biblischen Katalog, der so viele Empathie für das Sowohl-als-auch hat. Wie aber soll man sich verhalten, welche Entscheidung treffen? Entscheidungen sind nötig, sonst werden manchmal Erfahrungen von Überforderung öffentlich. In den Tagen der Predigt diskutiert die Öffentlichkeit die Plagiatsaffaire eines Politikers, der Verteidigungsminister, Hoffnungsträger der Partei, Familienvater und Wissenschaftler zu gleicher Zeit sein wollte. Die Bibel berichtet in der Geschichte von Martha und Maria einen ähnlichen Zwang zu Entscheidungen. Sie erforscht aber dazu den Weg zu einer Auflösung. Gott-sei-Dank steht nicht jede Entscheidung unter dem Druck des unmittelbar anbrechenden Gottesreiches und seiner Vertreter.

9.2. Predigt:

Liebe Gemeinde,

Das Problem der Geschichte

Zuerst einmal protestiert der gesunde Menschenverstand und regt sich auf: Arme Marta! Da kommen die Männer nachhause. Sie rechnen damit, dass Wasser zum Waschen genauso da steht wie Speis und Trank. So sind sie doch. Aber von selbst macht sich die Arbeit ja doch nicht. All die guten Martas unter uns, die zuhause das Essen auf den Tisch stellen, die Wäsche machen, den Strassendreck auf dem Flur geduldig putzen – also alle diese guten Martas sollten angesichts dieses Evangeliums mal in den Streik gehen, denke ich. Als ob es nicht genug wäre, kommt dann noch das Thema der Geschwister ins Spiel. Alles wird noch pikanter, weil es da zwei Schwestern miteinander zu tun haben, die dann noch in Konkurrenz treten im Kampf um die Aufmerksamkeit Jesu. Es sind zwei Schwestern, die anscheinend verschiedene Lebensentwürfe und Temperamente haben.

Das Thema

Jeder von uns kann schnell erkennen, worum es in der Geschichte geht: Wie man im Glauben lebt. Ist es besser, etwas zu tun oder zu warten? Kontemplation oder Aktion heißen die vermeintlichen Alternativen. Dieses entscheidende Thema wird nun verhandelt, aber nicht in einer Runde von Gelehrten. Es wird verhandelt zwischen den Schwestern, die so verschieden sind wie Schwestern eben sein können. Ihre Unterschiede und Geschwisterstreitigkeiten können wir uns gut vorstellen. Dazu kommen ein paar müde Männer, schmutzig und durstig von ihrem Weg. Welch eigenartiges Szenario für die Diskussion einer wichtigen, geistigen Frage. Wir würden eher eine Akademietagung erwarten: Kontemplation oder Aktion in unruhigen Zeiten.

Es ist eine Geschichte mit Rätseln. Das größte Rätsel ist, warum Jesus nicht barmherzigerweise eine Kompromisslösung wählen wird: Das wäre eine Kombination der Lebensstile von Marta und Maria. Wir wären dann mal so oder so. Die evangelische Erwachsenenbildung würde Veranstaltungen anbieten zwischen klösterlicher Meditation, Gesellschaftsanalyse und Spiritual Walking auf dem Jakobsweg. Ein bisschen Meditation, ein bisschen Engagement, ein bisschen privat, ein bisschen politisch. Das können wir ja als moderne Menschen: Widersprüche kombinieren.

Wir haben unsere Welt eingeteilt in tausende, sich ergänzende Wahrheiten. Wir sind stolz auf Komplexität und Differenziertheit. Mithilfe des Internets und von Wikipedia kann man sowieso jede Informationsflut ordnen. Einfach machen wir es uns bestimmt nicht bei der ständigen Verwaltung der komplizierten Sachverhalte. Wir versuchen mit aller Kraft Beides: Marta und Maria. Unsere Evangelische Kirche in Deutschland veröffentlicht eine Denkschrift nach der anderen, in denen die Welt für Christenmenschen ordnet und die sich ergebenden Widersprüche unter ein großes biblisches Dach stellt. Ich bin froh darüber: Das ist mir tausendmal lieber, als den Leuten ständig zu sagen, was sie tun dürfen oder nicht. Das einzige Problem ist, dass wir auch nach der Lektüre solch kluger Schriften oft noch nicht wissen: Und was ist jetzt gerade richtig? Tun oder lassen?

Vielleicht hilft uns ja eine sehr evangelische Erklärung. Wir könnten die Glaubenstemperamente von Marta und Maria ja mit der Zwei-Reiche Lehre verstehen. Im Reich des Himmels und der Gnade sitzen wir zu Jesu Füßen, bis dorthin aber arbeiten wir fleißig in unserer Welt. Das protestantische Arbeitsethos ist sowieso ein Markenzeichen. Ab und zu ist dann Sonntag. So können wir das machen und würden am Ende sogar eine ziemlich gute Lösung herausbekommen. Doch sie merken, dass mir das nicht reicht. Und Jesus reicht es wohl auch nicht. An anderer Stelle zu einem anderen Thema hätte er die arbeitende Marta vielleicht sogar verteidigt. Darauf hingewiesen, dass ihr praktischer Dienst wertvoller ist, als die Buchstabenzählerei der Schriftgelehrten. Aber heute ist das nicht genug. Heute geht es nicht um Kompromisse und Diplomatie. Heute geht es um den richtigen Zeitpunkt. Am Ende dieser gesamten Vermittlungstätigkeit hören wir Jesus sagen **Maria hat das gute Teil erwählt; das soll nicht von ihr genommen werden.**

Das Eine ohne das Andere – Entscheidungen

Der richtige Zeitpunkt. Manchmal im Leben können wir uns weder mit dem Gestern, noch mit dem Morgen herausreden. Dann müssen wir Entscheidungen treffen. Weil sonst eine Chance vorbei und vertan ist. Dann ist die Entscheidung für das Eine auch die gegen das Andere. Das ist hart aber auch gut so: Das Leben verwischt, wenn wir es nur im „sowohl als auch" leben, wenn wir wie der Franke sagt „Peterle auf alle Suppen" sind. Es gibt Situationen, die dulden keine Anpassungsfähigkeit. Manchmal müssen wir mit Dietrich Bonhoeffer „dem Rad in die Speichen fallen". „Liebst Du mich?" fragt der Mann oder die Frau. „Liebst du mich?" fragt auch Jesus einmal den Petrus. Und „Gehörst du nicht auch zu jenen, die Jesus kannten?“. Es sind die eindeutigen Antworten, die uns und andere stark machen.

Es geht manchmal schief, wenn wir meinen, auf solche Entscheidungen verzichten zu können und alles gleichzeitig zu schaffen. Diese Frage hat die Öffentlichkeit in den letzten Wochen schwer beschäftigt. Sie ist die tiefere Wurzel der Plagiatsdiskussion. Der Fall einer abgekupferten Doktorarbeit zeigt, wie gefährlich es ist, wenn wir meinen, alles auf einmal tun zu können. Der Fall des Hoffnungsträgers und politischen Hansdampf in allen Gassen hat eine ernsthafte menschliche Seite: Kein Mensch kann in dieser Spannung, alles auf einmal zu schaffen, lange und gesund überleben, besonders wenn er dazu noch öffentlich ist. Wir Menschen haben Grenzen. Manchmal ist es gut, fast eine Erlösung, nur das Eine tun zu können oder zu müssen! Damit das Durcheinander ein Ende hat. Damit nicht der falsche Eindruck entsteht, als könne oder müsse man alles gleichzeitig sein: Vater oder Mutter für die Familie, Hoffnungsträger in der Arbeit oder gar für das Land, und dann noch Speerspitze der Forschung. Ein solches Leben ist unbarmherzig und gefährlich. Jesus möchte es nicht für uns.

Das gute Teil

„Du hast das gute Teil gewählt.“ Sagt Jesus. Und macht unser Leben plötzlich sehr einfach: Gerade waren wir noch mit einer unbegrenzten Auswahl von Möglichkeiten und Anforderungen konfrontiert. Doch jetzt ist das bessere Teil ist die Gelassenheit der Maria. Niemand möge ihr unterstellen, sie sei sowieso immer die Faulere gewesen oder sie würde viel lieber dem bekannten Gast schöne Augen machen. Denn die Ruhe und Gelassenheit, jenes bessere Teil das Maria wählte, ist nichts was sie alleine für sich konstruierte oder gemacht hat. Diese Ruhe ist nur dort möglich, wo Christus ist.

So verstehe ich die Geschichte. Jener Jesus bei dem sich die Dinge verändern. Jener Jesus der schon mal sagt, dass er kommt wie ein Bräutigam in dessen Nähe einfach nur gefeiert und gelacht werden kann. Die Gelassenheit bei der Fülle der Aufgaben einfach loslassen zu können kommt daraus, dass Jesus für eine gnädige Haltung Gottes steht in der unsere Errungenschaften und auch Fehlentscheidungen nicht gezählt werden.

So kann es uns gut tun, wenn wir in Gedanken und Lebensgestaltung immer wieder mal die Nähe Jesu suchen. Schwierig könnte dabei werden, dass wir diese Nähe nicht aus allerhand Aktivitäten in Sachen Besinnlichkeit erhalten. Wir finden Sie oft unverdient und überraschend. Wir finden sie dort, wo wir es mit Christus selbst zu tun haben, wo uns die Ohren aufgehen. Und wo wir nicht mit jener Oase der Ruhe oder jenem Ort der Wahrheit gerechnet hätten. Am Ende darf es dann so aussehen wie bei Maria.

Es darf dann auch so aussehen, als wäre uns dies alles nicht geschenkt worden, sondern wir hätten es selber gewählt, das gute Teil, das uns keiner nehmen kann. AMEN

10. Lukas 1,67-79 „Stück bei Stück“ – der große Entwurf oder: Wie man einen Elefanten isst

10.1. Kontextualisierung: Im Rahmen meiner Beratungsausbildung besuchte ich ein Seminar des Psychotherapeuten Jeffrey Zeig[79]. Zeig erzählte von einem großen Problem und ich fragte ihn. „Wie wirst Du denn mit einem solchen großen Problem fertig?“ Typischerweise antwortete er mit einer Gegenfrage: „Wie isst du einen Elefanten?“ „Stück für Stück, Biss für Biss (bit for bit)“, antwortete ich. „Jetzt weißt Du es“ sagte er. Ich habe den Eindruck, dass man große heilsgeschichtliche Entwürfe ähnlich verdauen kann. Da sieht sich der Priester Zacharias plötzlich persönlich mit der großen Gottesgeschichte konfrontiert, mit der bisher nur von Berufs wegen umging. Er steht nun vor der Herausforderung, die große Geschichte mit seiner überschaubaren Biographie zu verknüpfen.

Der kleine Bissen in Bezug auf den heilsgeschichtlichen Entwurf suggeriert aber keine Strategie der Langsamkeit oder Bescheidenheit. Der kleine Bissen kennzeichnet den Punkt, an dem wir Dinge einmal zu fassen bekommen, dort wo sich Wege kreuzen und treffen. Wenn es überhaupt möglich ist, im entgrenzten Raum eine sachliche, d.h. menschengemäße Verkündigung zu betreiben, dann in der Weise, dass solche Anknüpfungspunkte gefunden werden. Dort können die Erkenntnisressourcen Einzelner mit dem großen Ganzen verknüpft werden. Von dort aus sind neue Planungen möglich. Kein Schaden, wenn das dann eine „Liebe auf den ersten Biss“[80] wird. In der aktuellen Situation sehen sich die Predigthörerinnen vor großen Aufgaben. An diesem Sonntag (1.Advent) wird ein neuer Kirchenvorstand eingeführt. In der Öffentlichkeit werden die Konsequenzen der kommenden Erhöhung der Mehrwertsteuer diskutiert. Der kleine Bissen wird in dieser Predigt angeboten als die Möglichkeit eines ersten Schrittes in die große Geschichte.

10.2. Predigt: Liebe Gemeinde,

die kommenden Wochen haben es in sich. Wie werden wir sie meistern? Adventswochen sind

---

[79] Jeffrey Zeig ist Präsident der Milton-Erickson Gesellschaft und ein führender Vertreter der Hypnotherapie und Kurzzeittherapie

[80] Titel einer Filmkomödie aus dem Jahr 1979: Love at first bite

immer gefüllt mit intensiven Erfahrungen und Erwartungen. Werden wir mit dem weihnachtlichen Zieleinlauf zufrieden sein? Oft entscheidet sich in dieser Zeit, wie wir das ganze nächste Jahr sehen und werten können. Und so schmücken wir die Häuser, laden Mitarbeiter zu Weihnachtsfeiern ein. Die Einzelhändler stehen gespannt am Tresen und fragen sich, welcher Umsatz noch geht. Wir pflegen intensive Momente, freuen uns auf Weihnachtsmärkte mit Geruchserlebnissen aus Bratwurst, Lebkuchen und Glühwein. Die Ohren sind offen für jede Art harmonischer Klänge und alles, was sich menschenfreundlich nennt, unternimmt einen Generalangriff auf Mitgefühl und Spendenbereitschaft.

Dieses Jahr bekommt die Adventszeit noch einen besonderen Beigeschmack, denn die Menschen im Lande erwarten nicht nur die Ankunft des Christkindes, sondern auch das Kommen der neuen Mehrwertsteuer. Den Adventsmenschen des Jahres 2006 bewegen nicht nur Gedanken über die Ankunft Jesu oder die noch zu besorgenden Geschenke, sondern zusätzlich die Frage: Soll ich mir jetzt noch schnell ein Auto kaufen, notfalls mit Kredit? Christen tun sich da nicht leichter als andere. Auch wenn wir gerne eigentlich Stille und Fastenzeit hätten spüren wir: Wir schaffen es kaum den ganz anderen Advent zu leben, sobald wir mit anderen Menschen vernetzt oder in Familien leben.

Aber vielleicht müssen wir uns gar nicht gegen den Strom stellen. Vielleicht sind wir dann schon gut unterwegs, wenn es uns gelingt, das eine mit dem anderen zusammenzubringen. Wenn es uns gelingt das Eine zu tun und das Andere nicht zu lassen. Wir würden dann nicht sagen, dass gewisse Erscheinungen in der Welt unter unserer Adventswürde seien, sondern uns bemühen, in der Vielfalt die Spur der großen Adventsgeschichte nicht zu verlieren. Auch die härtesten Adventschristen dürften dann inmitten ihrer geistlichen Vorbereitung des Weihnachtsfestes auf ein paar gnadenvolle Momente mit Glühwein und Bratwurst oder Plätzchen hoffen. Oder doch noch den letzten Mehrwertsteuerpanikkauf erledigen.

Das also wäre es: In der Vielfalt die eigene Adventsspur finden. Mit einem Seitenblick auf die neuen Kirchenvorsteher und ihre Leitungsverantwortung in und für die Gemeinde sage ich auch. Das wäre es, wenn wir in der Vielfalt modernen Lebens eine christliche Spur finden und für andere auslegen. Es geht Gott sei Dank ja nur um eine Spur, um eine erste Orientierung. Das könnten wir gerade noch schaffen in der Zeit, die dieser Predigt bleibt. Die Einzelheiten und Konkretionen werden wir dann verhandeln und ausprobieren in der kommenden Zeit und den Amtsjahren dieses Kirchenvorstandes.

Die Bibel legt uns heute die Adventspur, indem sie uns von einem erzählt, der kurz vor Jesus kam. Alle Erzählungen vom Täufer Johannes sind so eine Art menschlich-prophetischer

Vorspann auf die Geschichte. Wenn uns der alte Tempelpriester Zacharias von seinem Kind singt, dann werden wir also warm gemacht und eingestellt auf das was kommt, auf das große Überraschungsbaby des 24.Dezember. *Der Lobgesang des Zacharias*

[67]Und sein Vater Zacharias wurde vom heiligen Geist erfüllt, weissagte und sprach: [68]Gelobt sei der Herr, der Gott Israels! Denn [a]er hat besucht und erlöst sein Volk [69]und hat uns aufgerichtet eine Macht des Heils im Hause seines Dieners David [70]- wie er vorzeiten geredet hat durch den Mund seiner heiligen Propheten -, [71]daß er uns errettete von unsern Feinden und aus der Hand aller, die uns hassen, [72]und Barmherzigkeit erzeigte unsern Vätern und gedächte [b]an seinen heiligen Bund [73]und an den [c]Eid, den er geschworen hat unserm Vater Abraham, uns zu geben, [74]daß wir, erlöst aus der Hand unsrer Feinde, [75]ihm dienten ohne Furcht unser Leben lang in Heiligkeit und Gerechtigkeit vor seinen Augen. [d] [76]Und du, Kindlein, wirst ein Prophet des Höchsten heißen. Denn [e]du wirst dem Herrn vorangehen, daß du seinen Weg bereitest [77]und Erkenntnis des Heils gebest seinem Volk in der Vergebung ihrer Sünden, [f] [78]durch die herzliche Barmherzigkeit unseres Gottes, durch die uns besuchen wird [g]das aufgehende Licht aus der Höhe, [79]damit es erscheine denen, die [h]sitzen in Finsternis und Schatten des Todes, und richte unsere Füße auf den Weg des Friedens.

Mit diesen Worten geht eine Tür auf. Da wird ein großer Horizont eröffnet. Wir, die gerade noch zwischen Adventsbesinnung, Glühwein und Mehrwertsteuer nach dem richtigen Weg suchten, sind erstaunt. Die Adventswelt ist ja noch viel größer und weiter, als wir dachten! Völker, Könige, Freunde und Feinde, sie alle gehören dazu. Weltumspannendes Heil wird zitiert und für den Moment ist das etwas verwirrend. War es nicht schon schwer genug im wahrlich überschaubaren Blickfeld unseres Kirchturms den Adventsweg zu finden? Und jetzt die ganze Welt?

Gott hat eine eigenartige Art, uns Wege zu zeigen. Wir denken, er macht uns freundlicherweise ein paar Türen zu, damit wir es leichter haben. Aber er macht uns noch eine oder zwei dazu auf. Wir hätten Gott gerne wie einen Talkmaster, der nach der Frage gleich zwei falsche von vier Antwortmöglichkeiten streicht. Aber Gott tut noch was dazu, macht hier noch eine Adventstür auf und zwar was für eine: Wenn Zacharias singt, dann werden alle bedacht. Die Feinde und Freunde des Volkes. Stärkste Gefühle betreten den Raum: Hass und Barmherzigkeit. Lieber Gott weißt du nicht, dass unser Leben schon kompliziert genug ist! Dass wir es kaum schaffen, zu Weihnachten alle zu bedenken? Man könnte verwirrt sein und völlig verunsichert, wenn man nicht wüsste, dass Gott seine Ziele auf eigenartigen und verschlungenen Wegen zu erreichen pflegt. Dass er auf diese Art unsere Phantasie weckt. Eine Tür geht auf in der Fülle der Möglichkeiten und sie stellt mehr Hoffnungen und Phantasien in Aussicht, als wir es geplant haben: [68]**Gelobt sei Gott!** [E]**er hat besucht und erlöst sein Volk …**[71]**das er uns errettete und Barmherzigkeit erzeigte, dass wir, erlöst,** [75]**ihm dienten ohne Furcht unser Leben lang in Heiligkeit und Gerechtigkeit vor seinen Augen.**

Hier leuchten Worte wie Fackeln in der Nacht: Barmherzigkeit und Erlösung sind die Worte, mit denen wir im Advent gerechnet haben. Sie sind uns vertraut und die erste Spur durch den Advent. Aufregender wird es, wenn das Vertraute mit Ungewohntem verknüpft wird. Nun treffen sich Barmherzigkeit und Gerechtigkeit. Bei Gerechtigkeit geht es nicht um gleiche Plätzchenteller für alle, sondern um große Zusammenhänge, um Lebensmöglichkeiten und manchmal sogar um Verteilungsfragen. In diesem Jahr wurde in Deutschland die neue Unterschicht wiederentdeckt. Muss nach einer solchen Entdeckung as Wort der weihnachtlichen Barmherzigkeit nicht noch anders klingen? Wie feiern wir Advent in einem Land, in dem 1,3 Millionen Kinder an der Armutsgrenze leben?

Wer das Lukasevangelium hört darf und muss sogar diesen großen Adventsentwurf verknüpfen mit der Frage nach der eigenen geistlichen und persönlichen Vorbereitung. Gerechtigkeit und Barmherzigkeit. Da öffnet sich die Adventswelt! Es könnte der erste Schritt in die von Gott gelegte Adventsspur sein, wenn wir den großen Entwurf nicht verlieren in all den Verlockungen und Nachrichten die uns das private geistliche Leben und der Advent dieser Wochen anbieten. Die nächsten Schritte werden sein, den großen Entwurf zu füllen mit Gedanken und konkreten Handlungen der Barmherzigkeit. Diese Anregung gilt nicht nur dem neuen Kirchenvorstand, sondern jedem und jeder von uns. In diesem Sinne wünsche ich uns einen gesegneten Advent. AMEN

3. Sammlung: Navigationen

Vielleicht ist es überraschend, wenn sich in diesem Kapitel nicht etwa Predigten zu ethischen Themen finden, sondern ein Schwerpunkt auf systematisch-theologischen Themen liegt. Das geht darauf zurück, dass die Predigten dieser Sammlung einen besonderen Versuch darstellen, „Signposts“ für Wege (Trajektoren) zu entwickeln, mit deren Hilfe praktische Lebensfragen bewältigt werden können. Es ist nicht so, dass diese Zeichen Leuchtfeuer einer schon bekannten und fertigen christlichen Landkarte wären. Die Predigt ist also nicht mimetische Wiedergabe einer idealen christlichen Lebenskultur. Viel eher geht es darum, innere theologische Landkarten aufzusuchen, kennen zu lernen und von Ihnen Bericht zu geben. Dann ist die Predigt Vermessung, Dokumentations- und Berichtsarbeit. Sie erzählt von Orientierungspunkten in der Landschaft. Sie setzt Wegweiser für die eigene Navigation in der unübersehbaren Weite moderner Lebensmöglichkeiten und berät bei der Findung eigener Reiserouten.

1. Apostelgeschichte 1,4-12 – Die Ökonomie des Himmels: Die Weite

1.1. Kontextualisierung: „A pie in the sky if you die. “[81] Auch wenn wir die Vertröstung auf das himmlische Leben aufgegeben haben, wirken Vorstellung vom Himmel immer noch als Subtext des Glaubens. Wahrscheinlich sind sie bei Predigthörern, aber auch Predigern äußerst vielfältig. Dies ist verständlich, denn Vorstellungen vom Himmel treffen sehr persönlich den Einzelnen, vor allem in Bezug auf die Frage, was nach dem Tod kommt. Andererseits sind diese Vorstellungen über die Eschatologie auch verbunden mit dem großen heilsgeschichtlichen Entwurf[82]. Die Lage wird dadurch nicht vereinfacht, dass sich am Fest der Himmelfahrt nicht nur Ungewissheit über das Ziel der Reise Jesu auftut, sondern sich komplizierte christologische Fragen über den Reisenden selbst öffnen. Theologie und Predigt bearbeiten dann meist aus praktischen Gründen (man ist ja auf knapp 20 Minuten beschränkt) lieber überschaubare Gegenwartsthemen zu als umfangreiche theologische Problemkomplexe. Auch diese Predigt kann nicht das gesamte Spektrum abarbeiten. Sie vermeidet (aber nicht nur wegen der 20 Minuten) christologisch spekulative Ontologien (Was sucht der Mensch Jesus im Himmel? Verändert sich seine Natur durch dien Himmelfahrt?) oder heilsgeschichtliche Deutungen. Sie ist eher an einer Art „Ökonomie“ des Himmels interessiert, d.h. in diesem Fall an einer

[81] „Ein Kuchen im Himmel, wenn Du stirbst“. Mit diesem Satz wurde im Amerika der Sklaverei von (oft weißen) Predigern auf klagen über Lebensumstände geantwortet.
[82] Ein guter Überblick findet sich bei MÜHLING Markus, Grundinformation Eschatologie, Systematische Theologie aus der Perspektive der Hoffnung, Göttingen 2007

Zuordnung der Vorstellungen vom Himmel zum menschlichen Leben. Dabei ist sie parteiisch in Bezug auf das Menschenmögliche, bleibt bewusst selbstreferent und vermeidet Vorstellungen eines metaphysischen Überbaus. In den Tagen der Predigt findet der ökumenische Kirchentag in München statt. Bei Kirchentagen öffnet sich unter dem Eindruck dichter Erlebnisse die Wirklichkeit oft unerwartet in Richtung des Himmels. Dann geht der „Himmel über allen auf und auf alle über"[83]. Zumindest auf Kirchentagen sind weder Eschatologie, noch Vorstellungen vom Himmel ganz aus der Ökonomie des Glaubenslebens entlassen.

1.2. Predigt: Liebe Gemeinde,

Himmelfahrt ist ein wichtiges Fest. Himmelfahrt klärt, wo wir als glaubende Menschen letztlich zuhause sind, wo wir hingehören. Himmelfahrt klärt Positionen: Christus fährt auf. Wir bleiben auf dem Boden der Wirklichkeit und sehen sehnsuchtsvoll nach oben. Über uns der Himmel, unsere Heimat und unser Ziel. Aber wenn wir glauben, dass unser Leben irgendwie ein Gehen in den Spuren Jesu ist, wenn das Wort von der Nachfolge ernst gemeint ist, dann wird alles einmal im Himmel enden.

a) Eigentlich stelle ich mir den Himmel nicht gerne vor. Denn was so landläufig vom Himmel erzählt wird, finde ich wenig spannend. Wobei mir klar wird, dass die heute noch gültigen Vorstellungen vom Himmel aus einer Zeit bedrohten Lebens stammen. Seuchen, plötzlich ausbrechende Feuerbrünste oder die Raubzüge marodierender Söldner waren noch an der Tagesordnung. Die allerersten biblischen Geschichten vom Himmel entstanden unter dem Eindruck von Verfolgung und Unterdrückung der frühen Christengemeinden.... Damals bildeten sich romantische Vorstellungen vom Himmel: War das nicht der Ort an dem alle Tränen, alles Leid und alle Mühsal beseitigt wurden? War das nicht der Ort, an dem die Dächer der Häuser aus Gold sind, die Strassen gepflastert mit Gold und Edelsteinen? Ich kann mit solchen Vorstellungen wenig anfangen und hoffe, dass gilt was man so sagt: Der Himmel Gottes wird wohl alle Vorstellungen übersteigen – auch diese! Ich bin mir sicher, dass der Himmel nicht einfach ein noch mehr und noch höher dessen ist, was wir schon kennen und schätzen[84]. Darüber bin ich dankbar: Der Himmel ist keine Wellnessoase und kein paradiesischer Robinson Club zum ewigen Ausspannen...

b)Tausend Geschichten gibt es vom Himmel. Menschen haben in sie ihre Wünsche hineingeschrieben oder ihre Ängste. Es gibt so viele Vorstellungen vom Himmel, wie es

[83] Evangelisches Gesangbuch, Lied Nr. 562

[84] Solche Vorstellungen wären letzter fataler Beweis für die Infizierung religiöser Rede mit einer Totalökonomisierung.

Menschen gibt. Manchmal berühren sich die Religionen: Islam und Christentum träumen vom himmlischen Paradiesgarten, Judentum und Christen erzählen vom himmlischen Jerusalem und der Hütte Gottes bei den Menschen. Und immer meinen diese Geschichten, dass wir Menschen für unser Denken, Fühlen und Entscheiden noch einen anderen, einen weiteren Horizont brauchen. Die Hoffnung kommt nicht allein aus dem, was Menschen denken und planen. Der Himmel ist eine große Entlastung der Menschen. Er bedeutet, dass wir zwar nicht alles machen können, aber auch nicht alles machen **müssen.** Weil die Dinge ja irgendwie im Himmel zu Ende gebracht werden. Wegen dieser Entlastung tut uns die Vorstellung vom Himmel so gut. Nicht als Flucht, sondern als lockende Aussicht. Nicht als Verdrängung des Irdischen, sondern als seine Entzerrung. Es tut gut, wenn wir uns vom Himmel immer wieder sagen lassen, dass Leben viel, viel mehr sein kann. Diese Erinnerung brauche ich immer wieder. Es hat mich diese Woche wirklich angefressen, dass Spekulanten „Krieg“ machen gegen den Euro, einzelne Bankmenschen gegen ganze Länder und ihre Menschen. Das ist ein Krieg gegen vernünftige und nachhaltige politische Arbeit, ein Angriff auf Lebensgrundlagen meist der Schwachen im Lande. Ich bin wirklich getröstet durch die Aussicht, dass Leben ein anderes Ziel hat und noch eine andere Dimension. Genau das ist mir am Himmel wichtig. Diese Weite, die sich da öffnet. Gerne habe ich deshalb den Himmel jetzt schon immer wieder in meinem Leben. Gerne lasse ich mich von Jesus daran erinnern, dass der Himmel zu unserem Weg als Menschen dazugehört.

c) Gerne lasse ich mir von Jesus sagen, dass die Türen zwischen Himmel und Erde offen sind. Gerne lasse ich mir von seiner Himmelfahrt vorführen, dass es möglich ist zu reisen von einem Ort zum Anderen. Die Türen sind offen. Die Mauer ist weg! Das ist die Botschaft des Himmelfahrtstages.

Durch Christi Himmelfahrt wird verbunden, was nicht zusammengehört: Himmel und Erde. Außerdem schließt sich an diesem Himmelfahrtstag der Kreis zum Anfang der Jesusgeschichte, von der wir gesungen haben: „O Heiland, reiß die Himmel auf.“ Und dann haben wir gesungen: „Vom Himmel hoch da komm ich her und... noch besser: Lobt Gott ihr Christen allzu gleich in seinem höchsten Thron, der heut schleußt auf sein Himmelreich und schenkt uns seinen Sohn.“ In der Geschichte Jesu fallen die Grenzen zwischen Himmel und Erde. Der tiefe Graben zwischen Gott und den Menschen wird überbrückt. Das letzte Wort in der Geschichte Jesu wird dann von zwei Engeln gesprochen: Was steht ihr da und seht auf zum Himmel? Jesus wird genauso wiederkommen, wie er heute von euch gegangen ist. Für alle, die es Weihnachten noch nicht fassen konnten, wird spätestens heute klar: Die Grenzen zwischen Himmel und Erde ist offen. Die Mauer ist weg! Hier wird es von nun an immer wieder zwischen Himmel und Erde ungeahnten und überraschenden Austausch geben. Die Geschichte geht weiter.

Christi Himmelfahrt ist übrigens zweimal in der Bibel erzählt. Einmal am Ende des Lukasevangeliums und ganz am Anfang der Apostelgeschichte des Lukas. Sie verbindet für Lukas das Leben Jesu mit der Geschichte seiner Gemeinden und der Kirche. Am Anfang unserer Kirchengeschichte werden wir erinnert: Die Hoffnung kommt nicht allein aus dem, was Menschen zukünftig denken und planen werden. Wir bleiben der Geschichte Jesu verbunden.

d) In unserer Kirche sammeln sich Menschen, die gerne mit dem Himmel zu tun haben. Es sind Menschen mit Nöten. Menschen mit Hoffnungen und Träumen. Sie erwarten sich etwas von der Kirche, mehr aber noch vom Himmel. Hoffnung und Beständigkeit kommen weder aus kirchlichen Planstrategien noch aus fröhlichen Kirchentagen. Die Engel erinnern daran, wovon Kirche am meisten lebt: Aus dieser Vorstellung vom offenen Himmel. Was das fröhliche und ökumenische Glaubensfest, den ökumenischen Kirchentag in München betrifft, wird dort an einigen Stellen der Himmel aufgehen. Das ist Kirchentag und deshalb schauen wir nach München und freuen uns mit.

Weil wir aber den Himmel im Herzen haben und wissen, wie groß und weit die Geschichte Gottes mit uns ist, werden angesichts des offenen Himmelsrahmens die ökumenischen Erfolge des Kirchenfestes verschwindend klein. Es wurde im Vorfeld sensibel und diplomatisch eine Gemeinsamkeit von Christen geplant. Herausorganisiert aus dem Kirchentag wurde aber das gemeinsame Abendmahl. Angesichts der Weite des Himmels und der Sache um die es geht, nämlich das Abendmahl, erscheint es unangemessen und unwürdig, dass es ökumenisch nur mithilfe eines theologischen Tricks stattfinden wird, den kaum einer versteht: Es wird am Freitag ein „orthodoxes“ gemeinsames Mahl geben. Dies als ökumenischen Schritt zwischen Evangelischen und Katholischen zu verkaufen, ist Etikettenschwindel. Wir hätten gerne Gemeinschaft mit unseren katholischen Geschwistern, mit unseren Erlanger Kollegen aus der katholischen Kirche. Sie arbeiten ehrlich und voll Einsatz am Gleichen arbeiten wie wir. Mit ihnen verbindet uns wesentlich mehr als uns trennt. Wir ersehen den gemeinsamen Tisch.

Um hier weiterzukommen, müssten wir den Horizont des Himmels wiedergewinnen und jene falsche Bescheidenheit verlieren, die sich in viele Fragen des kirchlichen Lebens eingeschlichen hat. Der Himmel lehrt uns große Zuversicht und Zukunftsschau. Himmelfahrt sagt uns, dass wir als Christenmenschen trotz aller Widrigkeiten des irdischen Lebens im Horizont des Himmels leben. Welche eine Aussicht.

Heute stehen wir mit den Jüngern noch auf dem Boden unserer Wirklichkeit. Wir sehen auf Jesus und bemerken wie er den Weg macht. Wir spüren, was uns der Himmel bedeuten könnte.

Wir bemerken wie weit das Leben sein könnte – für uns privat, für uns als Kirche – wir müssen nicht alles tun, können aber alles wagen. Die mauer ist weg. Der Himmel ist offen. Amen

2. Hebräer 5,7-9 Hören wir auf zu verstehen!

2.1.1. Kontextualisierung: Eigene Lebensentwürfe, Erfahrungen fließender „Menschenbilder" und ein traditionelles christliches Menschenbild sind heute gemeinsam auf dem Markt der Lebensmöglichkeiten und fließen oft ineinander. Es ist kaum noch möglich und vielleicht auch nicht sinnvoll, sie auseinander zu halten. Welche Konturen hat dann aber noch die Nachfolge Christi, kann sie als eigenständiger Lebensentwurf eingegrenzt werden? Doch die Vorstellungen von einer Nachfolge Christi sind seit der Aufforderung Jesu „Folgt mir nach" sehr weit. Sie liegen zwischen der Frömmigkeitspraxis in der „Nachfolge Christi" des Thomas von Kempen und den theologischen Grundsatzentscheidungen der „Nachfolge" Bonhoeffers. Gerade Letztere hat sich in schwierigen Zeiten als starker Beitrag erwiesen, der vor allem die Urteilsfähigkeit und eine gute christliche Freiheit gegenüber der Welt förderte. Allerdings bleibt die Nachfolge Christi stets durch sein Leiden signiert (Mt 10,38). Welchen Weg in der Welt wird man aber in der Nachfolge des Kreuzes gehen wollen? Welche Navigation wird sich von hier aus ergeben? Kann überhaupt zu solche einer Nachfolge ermutigt werden? Die Predigt geht davon aus, dass Leiderfahrung den eigenen Reflexionsrahmen erweitern und Selbstreferenzen begrenzen kann. In diesem Sinne weist die Leidensvorstellung stark nach vorne, auch wenn sie nicht mit spezifischen Vorstellungen eines von der Passion Christi signierten Lebensstiles verbunden ist.

2.1.2. Begrüßung am Anfang des Gottesdienstes: *Jesus nachfolgen heißt, dass wir Koordinaten für das eigene Leben haben. Jesus nachfolgen heißt, dass wir einordnen können, was um uns herum geschieht. Jesus nachfolgen, das klingt sehr direkt und fast ein bisschen fromm. Kann und soll man das überhaupt, wo man als moderner Mensch doch einen eigenen Entwurf für das Leben hat? Um Nachfolge Jesu geht es heute im Gottesdienst, woanders kann man besser davon reden und beten als in einer Kirche. Nachfolge heißt für den Anfang: Bei der Frage wohin mein Weg geht, kann ich immer wieder mal den Blick von mir selbst heben und sehen, wo und wie Christus seinen Weg gemacht hat. Nachfolge ist eine Lebensmöglichkeit, eine mögliche Auswahl. Davon handelt dieser Gottesdienst.*

2.2. Predigt: Liebe Gemeinde, was bedeutet es, Christus nachzufolgen?

Mitten in der Passionszeit können wir dem Gefälle der Geschichte Jesu auf ihr tragisches Ende zu kaum noch entkommen. Zwar feiern wir Frühling und mit den ersten warmen Tagen lüftet sich so mancher dunkle Schleier von der Seele. Aber der Verlauf des Kirchenjahres führt uns geradezu unbarmherzig auf den Karfreitag zu, auf jenen Tag, an dem die Sonne ihr Angesicht versteckte. In diesem Kontext gewinnt Nachfolge Christi etwas Bedrohliches. Nachfolge kann ja nicht bedeuten, dass wir im Dunkel der Passionsgeschichte untergehen, so wie er. Christenmenschen müssen doch nicht trauriger und hoffnungsloser als andere sein. Aber vielleicht kommt die Leichtigkeit, die wir haben, manchmal genau daher, dass wir immer wieder bereit sind, Jesus in den dunklen Teil seiner Geschichte nachzufolgen. Dass wir uns auch dem dunklen Teil der Jesusgeschichte stellen, das gehört auf jeden Fall zur Nachfolge. Hier ist uns Christus selbst ein Vorbild. Davon erzählt uns der Hebräerbrief: **Und er hat in den Tagen seines irdischen Lebens Bitten und Flehen mit lautem Schreien und mit Tränen dem dargebracht, der ihn vom Tod erretten konnte; und er ist auch erhört worden, weil er Gott in Ehren hielt. 8 So hat er, obwohl er Gottes Sohn war, doch an dem, was er litt, Gehorsam gelernt. 9 Und als er vollendet war, ist er für alle, die ihm gehorsam sind, der Urheber des ewigen Heils geworden.**

Dem Dunkel nicht ausweichen

Auch Jesus hat sich dem Dunklen gestellt. Auch Jesus kannte die Momente, in denen man am liebsten wegsieht. Es sind die Augenblicke, in denen man nicht mehr weiterwill oder Angst hat vor dem nächsten Schritt. Im Garten Gethsemane betet Jesus. Es ist Nacht. Das Abschiedsmahl mit den Jüngern ist gefeiert. Aufgewühlt und unruhig sind alle Beteiligten. Jesus hatte sehr wohl gesehen, wie sich der Verräter aus dem Raum schlich. Er weiß, dass die Häscher des Tempels auf dem Weg sind und er weiß was ihn erwartet. Überraschenderweise reagiert unser Vorbild Jesus so, wie jeder von uns reagieren würde: „Gott wenn es möglich ist, nimm den Kelch von mir." Erst nach innerem Kampf wendet sich dieser Bitte: „Nicht mein Wille geschehe, sondern dein Wille." Mit diesen Worten ist Jesus ein Vorbild, eine Ikone, ein Idealtypus für viele Christen geworden. So würden wir gerne mit dem Leiden umgehen. So würden wir gerne aus der Angst ins Annehmen kommen. Als Pfarrer staunt man oft, wie viele Menschen das auch tatsächlich schaffen!

Doch gehen wir noch einmal in diesen Moment, in dem Jesus Schreien und Tränen bringt wie ein Opfer. Wir können dort lernen. Und zwar nicht nur für die Fragen, wie wir uns dem Leiden stellen. Wir können noch mehr lernen, nämlich wie wir als Christen überhaupt leben können und wo unsere Orientierungen sind.

Der Lohn der Nachfolge

Nachfolge verleiht Lebenskoordinaten. Der Glaube als eine Art Navigationssystem durch die komplizierte Welt. Sofort fallen uns Richtwerte ein. Manche werden die Bergpredigt zitieren und andere die Gebote. Wieder andere werden sagen, dass sie anständig zu leben versuchen, nach allgemein anerkannten Grundsätzen der Menschlichkeit. Sehr oft werden diese guten Vorsätze zur Tat. Wahrlich, zum größten Teil sind Kirchen und Gemeinden nicht etwa ein Ort des Missbrauchs, sondern eine Tür in ein gehaltvolles, nachdenkliches Leben und freundliches Miteinander.

Nachfolge heißt, dass wir uns immer wieder bemühen, solche Inseln von Sinn und Gemeinschaft zu setzen. Nachfolge heißt, dass wir versuchen die Momente zu gestalten, in denen Leben ganz dicht wird, bei Abschieden, bei Neuanfängen. Nachfolge heißt, dass wir all dies mit Christus verbinden. Wir sind den Geschehnissen nicht ausgeliefert und erleben oft genug, dass Gott manchmal wie eine feste Burg ist, wie Heimat und Schutz. So suchen wir nach Sicherheiten und nach bleibenden Werten. Erst recht in den komplexen, oft chaotischen Lebenskontexten die wir haben! So gestalten wir unser Leben und das ist gut so. Lebenssicherheiten aus dem Glauben sind eine gute Sache.

Die Störung

Aber Sie ahnen es vielleicht. Sicherheit ist nicht alles. Jetzt hören wir die Worte des Hebräerbriefes: Sie erzählen von Schreien und von Tränen, von Bitten und Flehen. Plötzlich bekommt Nachfolge etwas Verstörendes. Wie soll man einem Jesus Christus gerne nachfolgen, der an den Rand seiner Existenz gerät und über die Grenze seines Lebens in einen Abgrund blickt? Allzu oft sind unsere Vorstellungen von Nachfolge Christi noch durchsetzt von Flosskeln zum „gelingenden Leben“. Wir denken da an innere Gelassenheit oder geistliche Ausgeglichenheit, an die Gabe alles so zu nehmen wie Gott es gibt: Wer nachfolgt – so hoffen wir – sollte über der Welt stehen und zufriedene Antworten finden können auf die Fragen des Lebens… „Gib dich zufrieden und sei stille.“ Wie im Lied von Paul Gerhard. Aber Jesus kann nicht zufrieden sein und er ist auch nicht still. Er bringt Beten und Flehen vor Gott, wie er da mitten im Garten kniet und am Boden zerstört ist von seiner Angst.

Je dunkler die Nacht um ihn wird, umso bedrohlicher wird die Rede von der Nachfolge. Weil Nachfolge nicht nur bedeutet, über die sonnigen Hügel Galiläas zu wandern, sondern eben auch im Nachtdunkel des Garten Gethsemane zu sein. Es ist ein trauriger und fast hoffnungsloser

Moment der Geschichte Jesu. Doch ist es vielleicht der ehrlichste Moment. Wo Jesus das Gesamte des Lebens annimmt und nicht glättet. Zum Ganzen des Lebens gehören für Christen auch die Momente, in denen alles offen ist und alles schwierig erscheint. Es sind die Momente ohne Antwort. Da zerbricht die stoische Gelassenheit einer christlichen Lebenskunst, die alles gerade noch dankbar aus Gottes Händen zu nehmen wusste. Da geraten wir mit einem kleinen Schritt nur vom Glauben in den Zweifel. Nachfolge in solche Momente ist kein Wunschkind des Glaubens.

Die Hoffnung

Das alles wäre furchtbar und bodenlos und ich dürfte nicht davon reden, wenn wir in den Nächten des Zweifels und der Fragen alleine wären. Aber wir sind es nicht! Dort ist schon jemand mit Bitten und Flehen, mit Tränen und Fragen. Wir warten gemeinsam mit Christus auf die Antworten oder auf einen Engel Gottes, der uns stärkt. Wir sind Gott ausgeliefert. Lassen wir uns von niemandem den Glauben verkaufen als eine Art Hyper-Mega-Versicherung gegen Verzweiflung und Widrigkeiten oder als christlich-politische Theorie für das Verständnis komplexer Zusammenhänge. Gehen wir lieber noch einmal nach Gethsemane und hören wir auf zu verstehen! Hören wir auf so zu tun, als hätten wir das Leben mit klugen Deutungen und Diagnosen ganz und gar begriffen. Hören wir auf so zu tun, als könnten wir das Leben in den Glauben hinein glätten. Heben wir unseren Blick und sehen nach vorne, wo uns Jesus voraus lebt…

In seinem Moment der Ratlosigkeit und der Angst bleibt Jesus nur noch die Lösung offen, auf die auch wir angewiesen sind. Auch er ist Gott ausgeliefert. Er kann nur noch hoffen, dass Gott ihm antwortet. Nachfolge heißt, immer wieder dorthin zu kommen, wo wir wie Jesus auf Gottes Antwort warten. Für diese Art der Offenheit müssen Gott sei dank nicht immer Katastrophen und Krisenfälle eintreten. Nachfolge kann auch normale Tage für einen Gott offen halten, der uns im Alltag begegnet. In ganz verschiedener Weise wird das geschehen, mal als ein Wort aus der Schrift, eine unerwartete Begegnung, ein Gedanke der aus mir selber zu kommen scheint, eine Wendung des Lebens, eine Änderung lang gehegter Pläne. Hier wird das Leben zur Erkundigung und Überraschungsfahrt, was mir denn der Glaube alles sagen und vorlegen kann. Und das Ergebnis steht nicht fest.

Der gute Ausgang

Das klingt alles möglicherweise etwas pathetisch? Das alles wäre ja Leben auf Risiko! Das alles wäre Unsicherheit pur? Chaos? Es wäre so, wenn die Geschichte nicht weiterginge. Der Hebräerbrief erzählt jedoch ihr Ende. Lange habe ich nicht verstanden, warum der gesamte Brief so einen Wert darauf legt, Christus wie einen Hohepriester darzustellen, wie einen Würdeträger im glänzenden Tempel Gottes. Ich verstand nicht, weshalb der Hebräerbrief uns ein hohepriesterliches Amt Jesu zumutet, welches so gar nicht passen will zum Kreuzesmann. Doch die ersten Christen lebten noch im Schatten des Tempels und versuchten ihre Erfahrungen mit Jesus zusammenzubringen mit dem Heiligsten Ort und Kultus Israels. Und dann entdecke ich inmitten der Theologie vom Glanz und vom Heiligen die Zeilen, über die ich gerade predige. Wie ein Träne, wie ein Wehrmutstropfen, wie ein Schuss Essig gegen zu viel Pracht und Herrlichkeit.

Und ich kann mich ihnen stellen, weil sie ja von all dem anderen umgeben sind. Wenn wir also Christus in den Garten nachfolgen. Wenn wir uns dem stellen. Dann bleibt es nicht bei Tränen und Angst. Denn das Heil beginnt genau hier. **„Und als er vollendet war, ist er für alle, die ihm gehorsam sind, der Urheber des ewigen Heils geworden.“** AMEN

3. Mt 27,33-55: Karfreitag 2007 Der Riss im Vorhang / Gottes Genugtuung

3.1.1. Kontextualisierung: Es klingt paradox, aber für mich markiert das Karfreitagsgeschehen das Ende einer Praxis, die sich erst im Anschluss an den Karfreitag entwickelt hat. Ich meine damit die Praxis einer kirchlichen Wirklichkeit mit der nicht nur am Karfreitag in Sachen Leiden, Sünden und Schuld massiv gearbeitet wird. Am Anfang war aber nur das Wort vom Kreuz, nicht seine Deutung und Funktionalisierung im kirchlichen Interesse. Vom Karfreitag sieht man sachgemäß nicht nur auf das Folgende, sondern in den Evangelien auch nach vorne. Das Ende der Geschichte Jesus ist ja der Anstoß zur Sammlung von Erinnerungen und Jesusworten. Die Karfreitagsüberlieferung weist nicht auf zukünftige Deutungsmöglichkeiten und wenn man sich als einfühlsamer Predigtarchitekt[85] in das Baumaterial des Karfreitags hineinbegibt, dann verbieten sich solche Nachfolgekonstruktionen sowieso. Der Karfreitag ist also nicht der Gründungstag einer Theologie. „Ecce Homo!“ Im Angesicht des Geschundenen und Gekreuzigten gilt: „Gott hat kein Gefallen am Blut.“ [86] Die Hinrichtung Jesu macht aus ihm einen Tag der Kränkung Gottes und des Gottesschmerzes. Er ist eine durch nichts zu überbietende Störung und soll nicht durch metaphysische, soteriologische und amartiologische Hypothesen entschärft werden. Der Vorhang war schon lange vorher zerrissen.

---

[85] Der Begriff des Architekten ist hier bewusst gewählt. LATOUR Bruno beschreibt gute Konstruktionsarbeit als ein, sich dem Baumaterial zur Verfügung stellen,

[86] Zitat aus dem Regensburger Vortrag Papst Benedikts im Jahr 2006. Diese Äußerungen zum Ende der Satisfaktionstheorie wurden in der Aufregung um das sog. „Islamzitat“ leider völlig überhört.

Welcher Weg ergibt sich aber dann aus dieser Geschichte? Die Predigt schlägt vor, aus dieser Störung der Normalität und der Durchkreuzung des Üblichen erste Schritte entstehen zu lassen. Sie zeichnet eine biblische Spur weiter. Jesus sprach zu Matthäus: (Mt 9,9) *Folge mir! Und er stand auf und folgte ihm.* Hier ist die Karfreitagsgeschichte nicht Abschreckung, sondern ein erster Wegweiser, der zum Beginn der Glaubensreise lockt, ermutigt, vielleicht sogar zwingt. Der letzte Akt in der Geschichte Jesu wird zum Anfang eines Glaubenswegs. Dem Ende Jesu wohnt also – um Hermann Hesse zu zitieren – ein Anfang inne. Hesses Abschluss des Stufengedichts darf dann als sachgemäße Zusammenfassung des Karfreitagsevangeliums verstanden werden: Wohlan denn, Herz, nimm Abschied und gesunde!

3.1.2. Begrüßung am Anfang des Gottesdienstes

Am Karfreitag kommen wir zu Gott. Wir kommen mit Fragen: Ob und warum dieser Tag sein musste? Ob Gott ein solches Opfer wie Jesu Tod braucht? Ob es denn wirklich unsere kleinen Unachtsamkeiten sind, die uns verantwortlich machen für das Geschehen? Ob wir die Schuld jener tragen müssen, die sich am Karfreitag so deutlich gegen Jesus stellen? Fragen und mancher Widerspruch gegen diesen harten Tag zeigen, dass wir noch nicht alles begriffen haben. Auch wenn wir diesen Tag immer wieder wie ein Geschenk aus Gottes Hand nehmen. Weil wir wissen, dass dies ein Tag der Versöhnung ist. Längst haben wir nicht alles verstanden. In diesem Gottesdienst wollen wir einen Schritt versuchen auf das zu, was uns verborgen erscheint.

3.2. Predigt: Liebe Gemeinde

Der Riss im Vorhang

Ein Riss geht durch den Tempelvorhang. Doch nicht nur durch ihn. An diesem Tag geht auch ein Riss durch Gott. Er sieht auf Golgatha und spürt als Vater den Schmerz[87]. Wir ahnen: Es zerreisst ihm das Herz! Ein Riss geht an diesem Tag durch alle Vorstellungen von Mensch und Gott. Ein Riss geht durch Deutungen und religiösen Konventionen, die bisher galten. Es könnte der Tag der größten Verunsicherungen sein, der Tag, nach dem nichts mehr geht. Jetzt wo die Menschen Hand anlegen an Gottes Sohn, das könnte, das muss doch das Ende der Geschichte von Mensch und Gott sein.

Doch ist es nicht so. An diesem Tag beginnt etwas Neues. Die Evangelisten schreiben die Evangelien von der Karfreitagsgeschichte aus. Dieser Tag ist Anfang und Zeitenwende! Alte

[87] Das schöne Buch von KITAMORI, Kazoh (der Schmerz Gottes) Theology of the pain of God, Tokyo 1958

Werte werden auf den Kopf gestellt. Wir sehen es in jedem einzelnen Bild des Kreuzweges. Eine Dornenkrone trägt Jesus, nicht eine aus Gold. Ein Spottschild krönt den Schmach-König der Juden. Es ist an diesem Tag nichts so, wie es sein muss, aber wohl so wie es nach dem Willen Gottes sein soll. Immer wieder greift die Passionsgeschichte auf das Alte Testament zurück und behauptet, dass alles geplant war. Am Ende der Geschichte reißt der Vorhang im Tempel. Er gibt jetzt den Blick auf das Allerheiligste frei. Was bisher verborgen war oder gehalten wurde, das liegt in der Todesstunde Jesu nun frei.

Das Ende der Geheimnisse

Seit Golgatha gibt es kein Geheimnis mehr um Gott. Am Karfreitag fällt etwas in Trümmer. Es wird alles abgebaut und umgebaut, was Menschen von Gott zu wissen meinten. In jenem Moment als der Vorhang im Tempel reißt, da wird es deutlich. Israels Menschen sahen den Vorhang und glaubten hinter ihm Gott im Tempel anwesend. So hat Religion, so hat Glaube jahrtausendelang funktioniert. Eine Mischung aus Geheimnis, Verborgenheit und Offenbarung, am besten noch verwaltet von ein paar Oberbeamten in eindrucksvollen Roben und Talaren. Doch der neue Tempel hängt am Kreuz, ist allen sichtbar, dazu zerbrochen und gerissen in dem Moment wo er aufgerichtet wird. Das ist unser Ort und unser Zuhause. Statt dem prächtigen Vorhang der in gediegener Weise verhüllt, trägt Christus einen Stofffetzen, der nur jämmerlich und notdürftig seine Blöße bedeckt. Dies ist der Tag der Wahrheit.

Gott verhüllt sich nicht mehr. Er zeigt sich oder besser: Im Gekreuzigten erhaschen wir eine erste Ahnung, wer und wie Gott sein könnte. Vielleicht bleiben wir dann noch mit der Frage, was uns ein solcher Gott tun und helfen kann, dieser gequälte und zerrissene Gott, das geschundene und entweihte Allerheiligste.

Das Ende der Genugtuung (Satisfaktion)

Was kann uns ein solcher Gott? Lange genug haben Christen mit der Deutung gelebt, dass am Karfreitag Gott Genüge getan wird. Dann würde Jesu Leiden einen Gott besänftigen, der aus Enttäuschung und Zorn den Menschen eigentlich zugrunde richten wollte. Es wurde gemutmaßt, dass gerade durch die Schwere und Grausamkeit des Leidens Jesu alte Schulden abgelöst werden, die wir bei Gott haben. Doch es sind nicht die Wunden des Jesus aus Nazareth, es ist nicht das Leiden eines unschuldigen Menschen, die uns mit Gott versöhnen. Könnten unschuldige Menschen Gottes durch ihr Leiden besänftigen, dann könnten wir sorglos leben. Denn jeden Tag leiden und sterben Unschuldige in Massen. Aber es ist nicht so, dass ein harter Gott mühsam in Schach gehalten werden muss durch das Blutopfer eines oder mehrerer Menschen. Der Vorhang zerreißt über solche Geschichten von Schuld und Sühne. „Gott hat kein

Gefallen am Blut.“ An diesem Tag geschieht Anderes als Wiedergutmachung. Was tut uns Gott an diesem Tag?

Eigentlich wissen wir, dass uns Jesu Tod unrettbar und unwiederbringlich von Gott trennen müsste. Denn Jesu Tod ist ein Mordanschlag auf Gott. Doch ist es ausgerechnet dieser Karfreitag, der uns besonders mit Gott verbindet. Das Geschehen auf dem Golgatha entzweit Gott und die Menschen nicht. Es bindet uns zusammen. Ein Riss geht auch durch unsere Sinngefüge. Nichts ist absurder als, dass wir Gott in dem Moment näher kommen, wo wir uns so gegen ihn stellen. Heute werden Gott und Mensch, Opfer und Täter schicksalshaft einander verbunden. Ein Riss geht durch die alte Vorstellung, wir könnten uns durch schlechte Taten von Gott entfernen. Er sucht uns unter den Folterknechten, Schaulustigen und Spöttern auf Golgatha.

Ohne Gerüste

Was soll all das? Wozu dieser Abbau und Umbau eines Sinngefüges welches Menschen so lange getragen hat? Achtsam leben und nicht schuldig werden, dann sind wir mit Gott im Reinen. Der Riss in der Todesstunde aber gibt den Blick auf ein anderes Allerheiligstes frei. Für einen Moment erblicken wir einen ungehörigen Gott: Seine Gerechtigkeit heißt Liebe. In ihr löst sich auf, was wir unter Gerechtigkeit verstehen. Schon lange hat sich Gottes Liebe von allem gelöst, was wir an Ausgleich zwischen Tätern und Opfern denken können. Das Opfer spricht den Täter frei und bindet ihn durch diesen Freispruch in Liebe an sich. **Es ist der Sinn dieses Tages, dass wir mit Gott neu anfangen und anders leben können.**

Ein Riss geht an diesem Tag durch die gängigen Bilder von Gott. Wir hören Jesu Ruf und verstehen kaum, dass der Gottessohn und gottgesandte Heiland so rufen kann: Mein Gott warum hast du mich verlassen! Vorbei also die Zeit, in der unbeirrbare Glaubenshelden den Menschen vorangehen müssen durch Tapferkeit und Glaubensmut. Ein Riss geht heute auch durch diese alten Heldensagen und gibt den Blick frei auf einen Gott, der den Zweifel hoffähig macht. Du darfst als Christ zweifeln und fragen. Vielleicht musst du es sogar, weil Jesus es selber auch so getan hat. Du darfst zornig und enttäuscht nach Gott rufen und es kann sein, dass du ihm gerade dann besonders nahe kommst.

Es gehört zum Widersinn dieses Tages, dass mit jedem Nagel, den die Henker durch Jesus treiben um ihn festzumachen am Kreuz, dass wir mit jedem Schlag der Henker ein Stück freier werden. Ein für allemal und zum letzten Mal geht hier ein Mensch den Weg der Opfer. Einer stirbt, damit wir leben können, damit wir diesen Weg nicht mehr gehen müssen, wenn wir mit Gott zu tun haben. So werden Sie liebe Gemeinde hoffentlich aus diesem Karfreitagsgottesdienst nicht nur Betroffenheit und düstere Bilder mitnehmen. Oder gar

Verunsicherung. Sondern viel lieber das Wissen, dass wir unserem unglaublich guten Gott gerade nach diesem unsagbaren Tag ohne Angst begegnen können.

Und was ist mit den Tränen, dem Ernst und der Traurigkeit die diesen Tag umgeben? Was ist mit der Melancholie und mit den Stationen des Leidens, die wir heute Nachmittag mit wunderschöner Musik abgehen werden?

Anfang und Ende

Es ist schon wichtig, an diesem Tage einen Schnitt durch den Alltag zu machen. Es ist wichtig und lebensnotwendig, dass wir uns durch diesen Tag den Vorhang der Normalität so zerreißen lassen, dass der Blick auf das Allerheiligste frei wird. Deshalb ist es auch wichtig und richtig, an diesem Tag bewegt zu sein. Wir können in unserem Leben Tränen nicht nur vergießen aus Kummer und Enttäuschung und Trauer. Manchmal packt uns die Rührung auch in den wertvollsten Momenten. Wenn wir ein Geschenk bekommen, wenn wir uns wieder sehen nach langer Zeit der Trennung. Ich würde mir wünschen, dass wir alle uns anrühren lassen durch diesen Tag und, dass wir beginnen unser Leben zu ihm entsprechend zu gestalten.

Nicht aus Angst sondern aus Liebe. Denn der Vorhang ist zerrissen und hat den Blick freigegeben auf Gott, der es gut mit uns meint. Auch und gerade an diesem Tag. AMEN

4. Johannes 1,15-18 Das Gottesgen / Epiphanias

4.1. Kontextualisierung: Was bedeutet uns das Fest der Erscheinung des Herrn? Ist es nicht so, dass an diesem Enthüllungstag viel für uns verdunkelt wird? Spätestens am 6.Januar konfrontiert uns das Kind in der Krippe mit einer ganzen Reihe theologischer Fragen, denn an Epiphanias öffnet sich das ganze Spektrum christologischer Überlegungen. Daraus einen heilsgeschichtlichen oder seelsorgerlichen Plan zu entwickeln, ist eine anspruchsvolle Aufgabe und vielleicht sogar vergebliche Liebesmüh. Womit wir bei der Sache wären. Aus dem Labyrinth gottes-ontologischer Spekulation führt nur ein dynamisches Verständnis von Sprache, wie es z.B. Bruno Latour, aber vor ihm auch schon Paul Veyne mit dem Begriff transformierender Liebessprache vorgeschlagen haben[88]. Als Theologe möchte ich Latours Vorschlag aber ergänzen, denn es ist nicht sinnvoll, die Rationalität zugunsten der Emotionalität einer Liebesgeschichte GANZ aus der Verantwortung zu entlassen. Ich möchte den Raum

---

[88] LATOUR, Jubilieren, VEYNE Paul, Als die Welt christlich wurde beschreibt die Erzählung der Gottesgeschichte als die Geschichte einer leidenschaftlichen Liebe und sieht darin ihren großen Erfolg bei den Menschen begründet.

theologischer Spekulation nicht verlassen, ohne den Bemühungen der Väter und Mütter einen wertschätzenden und respektvollen Blick zu gönnen. Ich möchte dies nicht verlieren, aber ich weiß, dass der Versuch Glaubensfakten und Rationalitäten aufzustellen an Grenzen gerät. Dort wird die Sprache des Glaubens dann doch zur Liebessprache werden müssen, damit wir an ihr nicht verzweifeln. Das Ende der Spekulation ereignet sich also im doppelten Sinne: Einmal als Anregung zu neuer liebevollen Spekulationen. Zum Zweiten als Erfahrung der Vergeblichkeit von Spekulationen ins Glaubendingen. Dies wäre mit Calvin gesprochen ja das sachgemäße Ziel jeder ehrlichen und mutigen Spekulation (und theologischer Rationalität). Dass sie sich unnötig macht, weil sie unmöglich ist: Finitum non capax... Dann wären Geheimnisse keine Beunruhigung mehr, sondern lediglich die offene Tür in eine andere Form des Verstehens und eine andere Möglichkeit der Gottesbegegnung. Jede Theologie und Rationalität die uns dorthin führt ist dringend geboten, hilfreich und entlastend.

4.2. Predigt: Liebe Gemeinde,

hat Jesus das Gottesgen? Ist er unsterblich? Kann er fliegen, so wie er über das Wasser gehen kann? Ist er unbesiegbar? Hat er also das Gottesgen? Und wenn er es wirklich hätte, muss man das als vernünftiger Mensch glauben auf Gedeih und Verderb, auf Erlösung oder Kirchenbann hin? Was soll uns die Rede von Gottes Sohn? Machen wir uns auf die Suche nach einer Antwort
und hören wir das Evangelium aus Johannes: **15 Johannes gibt Zeugnis von ihm und ruft:
Dieser war es, von dem ich gesagt habe: Nach mir wird kommen, der vor mir gewesen ist;
denn er war eher als ich. 16 Und von seiner Fülle haben wir alle genommen Gnade um
Gnade. 17 Denn das Gesetz ist durch Mose gegeben; die Gnade und Wahrheit ist durch
Jesus Christus geworden. 18 Niemand hat Gott je gesehen; der Eingeborene, der Gott ist
und in des Vaters Schoß ist, der hat ihn uns verkündigt.**

Die Frage

Epiphanie heißt, dass etwas hell und klar erscheint. Die Ankunft der 3 Weisen, ihre königliche Reverenz vor dem Kind, das haben die Christen immer als eine Art Epiphanie verstanden. Nun wird deutlich, dass das Jesuskind der Christusheiland ist. Er ist der Erlöser und Retter und auch der Herrscher der Welt. Die orthodoxen Christen haben in den Hauptkuppeln ihrer Kirchen eindrucksvolle Bilder vom Weltenherrscher Christus und sie feiern am 6.Januar Weihnachten. Geburt und Epiphanie in Einem. Wer es also bis jetzt nicht gewusst hat: Heute ist Enthüllung. Jesus kommt als einzig Geborener aus Gottes Schoß selbst. Die orthodoxe Kirche preist die herrliche Ankunft der Göttlichkeit auf Erden, zündet Kerzen an, schwenkt zum Lob zwölfmal oder öfter das Weihrauchfass und stimmt zum Abschluss einen wunderbar mehrstimmigen Lobgesang an. Schön, wenn wir das auch könnten.

Aber wir sind Abendländer, Kinder der Aufklärung, dazu noch Deutsche. Wir können uns eben nicht nur freuen. Für viele Menschen werden mit der Enthüllung Jesu als Gottessohn die Dinge nicht klarer. Für viele verdunkeln sich ausgerechnet an diesem Lichterfest Sinn und Verstehen. Manch einer fragt, wozu man denn die Gottsohnschaft Jesu überhaupt brauche. Jesus sei doch kein Supermann mit dem Gottesgen. Sowieso haben wir schon in der Schule gelernt: Es sind nicht die Wunder, die Jesus so wichtig für uns machen.

Verspekuliert?

Wenn einem als Pfarrer solche Fragen begegnen, dann wird man unruhig. Ich bin ja auf Schrift und Bekenntnis ordiniert und da steht halt dummerweise auch drin, dass Jesus Gottes Sohn ist. Wer ein bisschen theologischen Ehrgeiz im Kopf hat kann also nicht einfach sagen: Ego te absolvo. Ich befreie dich von der Gottsohnschaft, du bist ja ein moderner Mensch. (Auch wenn es manchmal besser so wäre, man kann und will es dann doch nicht). Theologisch wertvoll, aber nicht menschengerecht? Mein persönlicher Rettungsweg aus diesem Dilemma war oft die Freude an der Schönheit intellektueller und philosophischer Spekulation. Wann kann man seinen Kopf schon einmal für ein so schönes (aber möglicherweise auch völlig unnützes) Problem gebrauchen wie den Beweis, dass es äußerst sinnvoll und wichtig ist, den Menschen Jesus von Nazareth als richtigen Gottes Sohn zu bezeichnen. Den Menschen auf der Strasse und vielen in den Kirchenbänken nützt eigentlich eine solche Spielerei wenig. Schön, aber wozu?

Man kann sich weiter rechtfertigen und das Konzept der Gottsohnschaft auch ein Kind der Ratlosigkeit nennen: So grandios und wichtig war für die Menschen die Jesuserfahrung, dass man ein in der jüdischen Welt unerhörtes Konzept erfand: Jesus Christus war der eingeborene Sohn Gottes. Man solle doch als moderner Mensch die theologische Suppe einfach nicht so heiß essen, wie sie damals gekocht wurde. Der skeptische Philosoph Paul Veyne ist sicher, dass es sich bei der Erzählung von der Göttlichkeit im Menschen Jesus aus Nazareth um so etwas Ähnliches handelt wie einen genialen Marketingtrick der Apostel. Man tat sich in der antiken Welt halt leichter, einen Erlöser anzunehmen, der Gott und die Menschen in der eigenen Person zusammenbringt. Und obwohl Paul Veyne ein Skeptiker ist und in der Heilsgeschichte mehr Zufälligkeiten als die Gottes Hand am Werke sieht, trotzdem erfasst ihn das Thema der Gottsohnschaft und seine kritische Bemerkung zum Thema gerät ihm zu blühend hymnischen Lobpreis. Ich lese ihn mal seine Meinung zum Thema vor „Der Geniestreich war jene Erfindung eines Gott-Menschen wie du und ich, real datierbar, ein Guru, ein Arzt, der zugleich auch die wahre Gottheit und keine mythologische Gestalt darstellt. Das Christentum wird in der Folge zu einem bewegenden metaphysischen Liebesroman, in dem sich die Gottheit und Mensch füreinander begeistern....“[89] Abgesehen von der Sache mit der Erfindung stimme ich dem Philosophen zu und bin begeistert von den Worten, die er gefunden hat. Tatsächlich ist die Geschichte Jesu Christi (eigentlich die ganze Bibel) ein großartiger Liebesroman und wenn schon, dann schon, d.h. so richtig leidenschaftlich: Das Schöne ist doch in einer Liebesgeschichte, wenn zwei eins werden und das heißt hier, Gott und Mensch! Also doch: Ja zu Gott und Mensch in Christus. Ja zu dem, was die theologische Tradition Zwei Naturen in Christus nennt. Von manchen Dingen kann man nur mit blühenden Worten und mit Gefühlen reden. Die Gottsohnschaft Jesu ist so eine Geschichte. Eine Liebesgeschichte wie ich schon sagte, eine Erzählung der Leidenschaften. Würde ich die Liebe rational und wissenschaftlich als eine hormonell, chemische Reaktion beschreiben oder als den Austausch von Körperflüssigkeiten, dann würde sich mit Recht Protest erheben. Das ist nicht nur zu kurz gegriffen und am Thema vorbei. Es ist auch unangemessen.

Das Ende der Spekulation

In diesem Sinne war die große theologisch-philosophische Spekulation um die menschliche und göttliche Natur Jesu dann doch nie ganz angemessen. Sie ging vor allem immer dann an der Sache Jesu vorbei, wenn man Menschen auf diese Sichtweise meinte festlegen zu müssen und sie notfalls unter Zucht und Bann zu nehmen. Über die Frage der der menschlichen und göttlichen Natur Christi haben sich die Kirchen zuerst gestritten und dann entzweit. Das sind die Momente, in denen man das Ganze loslassen sollte. Ist es nicht wichtiger, als Mensch christusgemäß zu leben, ist dies nicht viel wichtiger, als dem Gottesgen und der Jesussubstanz nachzuforschen? Gutes Leben kommt aus dem Erlebnis von Liebe. Deswegen hören wir nicht auf, jene Liebesgeschichte weiterzuerzählen und lassen uns durch Misserfolge nicht sofort entmutigen. Gerade dort, wo wir nicht verstehen, treffen wir auf die Wahrheit. Sie ist aber kein spekulatives Kochrezept über die Zusammensetzung des Jesus Christus und ihre ontologischen Zutaten. Johannes erzählt uns was die Wahrheit ist, nämlich Gnadengeschichte:

Und von seiner Fülle haben wir alle genommen Gnade um Gnade. 17 Denn das Gesetz ist durch Mose gegeben; die Gnade und Wahrheit ist durch Jesus Christus geworden.

Gnade ist Denken gegen den Strich, gegen die einfache Logik von Ursache und Wirkung. Derartiges Denken und Spekulieren streicht Gott mit einem federleichten Gnadenstrich durch.

---

[89] VEYNE Paul, Als unsere Welt christlich wurde – Aufstieg einer Sekte zur Weltmacht, München 2008 Zum Thema des Christentums als Liebesgeschichte zwischen Mensch und Gott, s.26-42

Die Wahrheit ist, dass höchst unerklärliche und unlogische Dinge bei Gott geschehen. Die Wahrheit ist, dass genau das Unerklärliche für uns Hoffnung ist. Im Gottessohn Jesus Christus brechen die Bande der unentrinnbaren Logiken und Begründungen. Im Interesse unserer Freiheit brauchen wir jenes letzte Unerklärbare. Etwas macht es leicht für uns, die Wahrheit des Nichterklärbaren zu akzeptieren: Das Unlogische und Unerklärbare ist begleitet von der Erfahrung, dass es Gott gut mit uns meint. Seit Moses und eigentlich noch länger können wir das weiter erzählen. Das Geheimnis muss uns keine Angst mehr bereiten, nur noch Neugier und freudige Erwartung. AMEN

5. Galater 4,4-7: Theologie und Autonomie / Christfest

5.1. Kontextualisierung: Das 4.Kapitel des Galaterbriefs zeigt beispielhaft, wie sehr es sich lohnt, manchmal in großen theologischen Linien zu denken. Verstehen wir dabei Theologie nicht als gelehrten Überbau, der zum Verständnis des Textes hilft, sondern als forschende Neugier an Begegnungen von Mensch und Gott. Diese Art von Theologie wäre an der transformierenden Kraft biblischer Glaubensgeschichten interessiert. Sie sieht in ihnen Aufforderungen zu selbstbewussten Navigationen, zu Phantasie und Entdeckermut. Eine solche Theologie verzichtet auf Wahrheitsansprüche und entlässt uns stattdessen in die Freiheit von Christenmenschen. Die Worte des Galaterbriefes sind stark und dynamisch. Sie bedürfen weder ästhetischer noch theologischer Inszenierung und diese Predigt meint, dass sie eigentlich nur die Frage benötigen, welche Reise in die Zukunft ihnen folgen kann.

5.2. Predigt: Liebe Gemeinde

a) Wieder füllte Weihnachten unsere Herz und unser Leben. Wenn es gut ging, dann waren wir gestern ganz bei uns, bei den Menschen um uns herum, bei unseren innersten Gedanken über Zeit und Seligkeit und im Frieden mit Gott und der Welt. Weihnachten zielt auf unser Herz. Das ist gut so. Im besten Falle hinterlässt der Weihnachtsabend kleine Spuren der Zufriedenheit, der Dankbarkeit, so eine kleine Erfahrung, dass Leben ja gelingen kann, wenn man sich mal einander zuwendet. Gestern bedeutete die Dunkelheit einer Nacht nicht Gefahr und Bedrohung, sondern Geborgenheit und enthielt zudem ein seliges Versprechen auf Licht. Und nun wird es das erste Mal Tag über unserer Weihnachtswelt.

Am ersten Weihnachtsfeiertag gehen wir aus der Nacht der Seligkeit in den hellen Tag. Heute erweist sich, ob die gute Nachricht dem Tageslicht standhält. Heute zeigt sich, ob wir die Weihnachtsgeschichte mitnehmen können in das Leben nach dem Fest. Denn Weihnachten ist alles andere als ein „one night stand“ mit Gott. In diesen Weihnachtstagen könnte auch eine dauerhafte, eine ernsthafte Beziehung mit Gott in Gang gesetzt werden. In diesem Sinne hören wir das Weihnachtsevangelium aus dem Galaterbrief des Paulus. Tatsächlich - da gibt es in den Apostelbriefen eine Art Weihnachtsevangelium. Paulus hatte als einer der Ersten begriffe, dass man die Geburtsgeschichte Jesu durch das ganze Leben mitnehmen kann. Deshalb hat er schon sehr bald seine klassische Fassung der Weihnachtsgeschichte zu Papier gebrachte und sein Weihnachtsevangelium aufgeschrieben.

4 Als aber [b]die Zeit erfüllt war, sandte Gott seinen Sohn, geboren von einer Frau und unter das Gesetz getan, 5 damit er die, die unter dem Gesetz waren, erlöste, damit wir die Kindschaft empfingen. 6 Weil ihr nun Kinder seid, hat Gott den Geist seines Sohnes gesandt in unsre Herzen, der da ruft: [c]Abba, lieber Vater! 7 So bist du nun nicht mehr Knecht, sondern Kind; wenn aber Kind, dann auch [d]Erbe durch Gott.

b) Wenn es gut, hinterlässt Weihnachten weit über einen Tag hinaus Spuren ins uns. Ich will es etwas theoretisch sagen: Die Spur einer grundsätzlichen und weit reichenden Veränderung von Leben beginnt in jenem Moment, als Gott in Christus Mensch wird. Mit Paulus zu sprechen: In jenem Moment, als er sich in die Hinfälligkeit des Fleisches begibt und damit auch unter das Joch des Gesetzes. Als Gott genau dort erscheint, wo er nach den Regeln menschlichen Wissens nie sein dürfte: In der Jammergestalt eines Babies (später eines Gekreuzigten), in der Elendsbehausung eines Stalles. Hier werden die Karten für die Welt und für das Miteinander von Mensch und Gott neu gemischt. Da hören wir dann die urbiblische Botschaft wie einen magischen Satz: Weil Gott sich in das Menschsein eingeschlossen hat, sind wir frei vom Gesetz und geliebte Kinder Gottes. Paulus schreibt hier einen Freispruch, eine Menschenrechts- und Unabhängigkeitserklärung in Sachen Glauben.

Ja sie hören recht: Es ist eine Unabhängigkeitserklärung, denn Gott liebt stolze und souveräne Menschen, die ihr Leben in die Hand nehmen. Wo auch immer uns gesagt wird, dass wir nur in gebeugtem Demut vor Gott stehen könnten... Wo uns erzählt wird, wir könnten nur in bedingungslosem Gehorsam und widerstandloser Ergebung gut mit Gott sein, dort sei zuerst einmal das Wort des Paulus gesagt: **Wir sind frei vom Gesetz.** Wir sind nicht frei von Geboten, von Regeln des Anstands, nicht frei von Gesetzen der Mitmenschlichkeit. Wir sind nicht frei von Verpflichtung und Verantwortung. Aber wir sind gelöst aus einer Lebenshaltung die meint, man könne sich mit guten Worten und Taten auf der Himmelsleiter nach oben bewegen. Wir sind befreit aus einer Angst, die vor dem Schlafengehen fragen muss, ob wir heute fromm genug waren um letztendlich in den Himmel zu kommen, nur für den Fall, dass uns in der Dunkelheit das Stündlein schlägt. Wir sind Souveräne unseres Glaubens, die von Gott die Freiheit bekommen haben als Kinder Gottes zu leben.

c) So gehen wir aus dem Heiligen Abend in den ersten Weihnachtsfeiertag und verstecken uns nicht vor dem Licht. Wir haben keine Angst und tun aus dem Privaten des gestrigen Abends die ersten Schritte hinaus in die Welt. Das ist übrigens kein großer Heldenakt. Das klappt heute sowieso wie von selbst: Viele von uns machen sich auf den Weg und besuchen im weiteren Kreis sozusagen ihre Familien. Die Richtung haben wir schon begriffen, wenn wir dieses Fest nutzen für Besuche und Kontaktaufnahmen! Das sind die ersten Schritte aus der heiligen Nacht. Es sind die entspannten Wege von Menschen, die als Kinder Gottes leben, weil sie ja Geschwister Jesu sind. Wir alle wissen aber auch: Man kann nicht ewig Kind bleiben. Auch Apostel Paulus sagt: **Ihr seid nicht nur Kinder, ihr seid auch Erben.** Damit verkündet Paulus das Ende der klassischen christlichen Demutsdisziplin. Der Heilige Abend entlässt seine Kinder. Als Erben Gottes haben wir Ansprüche auf unsere Welt. Die Welt der Erben Gottes ist unbescheiden. Unbescheiden ist sie darin, dass wir die Welt daran messen, was Gott zu ihr sagt und wie sehr er sie liebt.

Wir können einfach nicht an der Tatsache vorbeisehen, dass Gott für die Gestaltung unseres Erdenlebens sicher einen anderen Plan hatte als den, der gerade umgesetzt wird. Als Erben Gottes dürfen wir in einer Sache gewiss auf großem Fuße leben. Das ist die Sache unserer Träume für die Welt. Als Souveräne unseres Glaubens treten wir auf und fragen nach dem Sinn des Lebens auch gegenüber den größten Konzernen und Finanzmächten. Als Erben Gottes fragen wir, ob denn nicht alle etwas bekommen müssten, wenn die Güter der Erde verteilt werden. Und wir fragen auch, warum die Tastsache, dass Autos teurer werden unser Land, unser gutes Land soviel mehr aufregt, als die Tatsache, dass hier fast 2 Millionen Kinder in Armut leben. Wir fragen unbescheiden. Nicht als Miesmacher fragen wir, sondern weil wir von Gott her um das Ganze des Lebens wissen. Wir werden unser Erbe nicht verprassen und nicht verschlampen. Ein Christ ist frei und niemands Knecht und niemandem untertan. Das ist Erbgut welches mir mehr zählt als Rasse und Nation. So zu denken - das haben wir von Gott.

Jedermanns Knecht und jedermanns Herr – wie es Luther formuliert hat. So leben wir diesen großen Anspruch gegenüber unserer Welt und wissen uns Gott zugeordnet. Wir leben im Bewusstsein unserer Möglichkeiten und unserer Grenzen zugleich. Gott wird uns davor behüten, dass wir Luftschlösser bauen und Bodenhaftung verlieren. Er wird uns empfindsam im Umgang mit denen machen, die jetzt noch nicht so weit denken. Gute Umgangsformen gehören auch zum Erbe.

d) In diesen Tagen spüren wir, was es bedeutet, zu Gott zu gehören. Wir lassen unseren Blick schweifen in die Helligkeit eines ersten Weihnachtstages und entdecken schließlich, dass wir heute nicht nur im Gottesdienst, sondern bei einer Art Testamentseröffnung waren. **So bist du nun nicht mehr Knecht, sondern Kind; wenn aber Kind, dann auch [d]Erbe durch Gott.** Wir haben unser Leben und diese Welt in die Hand bekommen. Als Weihnachtsgeschenk und doch viel mehr noch. Statt kindlichem Spiel auch gereifte Verantwortung, zur Freude den Ernst dazu. Zur Sorge dann aber auch die Leichtigkeit der Kinder und Erben Gottes.

Ich wünsche Ihnen noch frohe Weihnachtstage. AMEN

6. Lukas 18,31-34 1000 Schritte und noch mehr / Elefantenwege

6.1. Kontextualisierung: Dieses Predigtwort ist eine typische Weggeschichte. Mit Bruno Latour wären sie eine Reiseerzählung von den Ameisenwegen (Das Akronym ANT der Akteur-Netzwerk-Theore bedeutet im Englischen „Ameise".) derer, die im Netzwerk des Lebens unterwegs sind. Anknüpfend an Beispiel Nr.4 dieser Sammlung möchte ich den Gang der gesamten Jesusgeschichte auf Golgatha zu allerdings eher als einen, im Ganzen fast unverdaulichen „Elefantenweg" bezeichnen. Predigthörer sind in der Kirche nicht nur, um praktische Navigationshilfe durch die Untiefen ihres Alltags erhalten. Sie sind auch im Gottesdienst, um Unterstützung und Ermutigung bei der Reise auf solchen Elefantenwegen des Glaubens zu erhalten. Sie wollen sich orientieren können und erwarten sich Navigationshilfe. Dabei geht es nicht um eine Verpflichtung zu Gehorsam, sondern um die Möglichkeit, die nächsten Wegweiser zu erkennen und aufzusuchen.

6.2. Predigt: Liebe Gemeinde,
Jesusgeschichten erzählen oft Wege. Jesus macht Erfahrungen, wenn er unterwegs ist. Er geht Schritte und trifft Menschen. Seine Jünger folgen ihm, deshalb heißen sie Nachfolger. Auch wir sind unter ihnen und können etwas lernen von den Wegen Jesu. Jede dieser Weggeschichten bringt uns einen Schritt weiter. Unser Predigtwort zeigt nicht nur persönlich Wege auf. Es ist auch eine Antwort für die gesamte Gemeinde, wenn sie fragt: Wohin könnte es gehen? Wir

hören zwei Geschichten. Sie sind wie zwei Schritte. Gehen wir mit und fangen wir an, irgendwo in Israel vor 2000 Jahren.

Erster Schritt:

Am Abend eines langen Tages voller Gespräche, Gedanken und Seelenbekenntnisse ruft Jesus seine Freunde in den ganz engen Kreis. Der erste Schritt heute ist Jesu Wort am Abend eines langen Wandertages zu seinen Jüngern: **Er nahm aber zu sich die Zwölf und sprach zu
ihnen: Seht, wir gehen hinauf nach Jerusalem, und es wird alles vollendet werden, [b]was
geschrieben ist durch die Propheten von dem Menschensohn. 32Denn er wird
überantwortet werden den Heiden, und er wird verspottet und misshandelt und angespien
werden, 33und sie werden ihn geißeln und töten; und am dritten Tage wird er auferstehen.
34Sie aber begriffen nichts davon, und [c]der Sinn der Rede war ihnen verborgen, und sie
verstanden nicht, was damit gesagt war.**

Es ist eine Härte und Widerständigkeit in Jesu Worten. Sie geht selbst denjenigen gegen den Strich, die Jesus kennen. Seine Jünger (und auch wir) haben Hoffnungen und Träume. Die einen schätzen die menschliche Wärme, die um ihn ist. Andere träumen von der Befreiung ihrer Seelen oder gar der Befreiung Israels. All dies soll so geschehen, dass sich eines auf das andere baut. Und es soll ein glückliches Ende haben. Ein Schritt nach dem anderen. So dass die Seele mitkommt. Wir würden uns wohl fühlen im Kreis dieser ehrlichen und ernsthaften Menschen. Sie haben schon erkannt, dass es im Leben nicht nur um das tägliche Brot gehen kann. Sie stellen Fragen nach der Bedeutung ihres Lebens und nach dem Sinn. Sie wollen wachsen und sind bereit, dafür etwas zu investieren. Ein Schritt nach dem anderen. So dass die Seele mitkommt. Während wir noch langsam mit ihnen die ersten Schritte in Richtung Jerusalem gehen, fällt uns Jesus in den Schritt. Plötzlich spricht er von Gefängnis, Folter, Tod. Das können und wollen weder Jesu Freunde noch wir fassen. Das war ein Schritt zu weit. Da kommt die Seele nicht mehr mit.

Jesus beginnt, seine Geschichte zu erzählen. Diese Geschichte vom geopferten Heiland lässt sich nur in kleinsten Stücken verdauen. Wir versuchen gerade noch, als Jünger Jesu unseren Alltag aus dem Glauben zu gestalten und Sinn zu gewinnen. Wir überlegen gerade noch, wie wir Schritt für Schritt weiterkommen. Da reißt der Himmel auf und Jesus erzählt uns eine unfassbare Geschichte von Tod, Leben, Folter, Auferstehung, Gefangenschaft und Befreiung. Etwas verunsichert mag dieser Tag für die Hörer der Geschichte geschlossen haben. Voller Fragen ist das angedeutete Ende der Geschichte für die Jünger und eigentlich auch für uns. Muss dieser

Weg Jesu wirklich zum Weg ins Grauen des Todes werden, zu einem Weg voller schrecklicher Geheimnisse und Opfer?

Zweiter Schritt:

Die Antwort erhalten wir am nächsten Tag. Jesus kommt durch Steine und Staub in die Nähe Jerichos. Jericho liegt fast am Rand der jüdischen Heimat, dort beginnt der Weg nach Jerusalem. Auf dem Weg vor der Stadt begegnen Jesus nicht nur Durchreisende und Händler. Auf dem Weg und an seinem Rand findet er auch Menschen, die nirgendwo ganz zu Hause sind. Weil sie auf ihrem Lebensweg Umwege gehen mussten oder weil sie kein ganz vollwertiges Mitglied der Gesellschaft sein können.

35Es begab sich aber, als er in die Nähe von Jericho kam, daß ein Blinder am Wege saß
und bettelte. 36Als er aber die Menge hörte, die vorbeiging, forschte er, was das wäre. 37Da
berichteten sie ihm, Jesus von Nazareth gehe vorbei. 38Und er rief: Jesus, du Sohn Davids,
erbarme dich meiner! 39Die aber vorne an gingen, fuhren ihn an, er solle schweigen. Er
aber schrie noch viel mehr: Du Sohn Davids, erbarme dich meiner! 40Jesus aber blieb
stehen und ließ ihn zu sich führen. Als er aber näher kam, fragte er ihn: 41Was willst du,
dass ich für dich tun soll? Er sprach: Herr, dass ich sehen kann. 42Und Jesus sprach zu
ihm: Sei sehend! [a]Dein Glaube hat dir geholfen. 43Und sogleich wurde er sehend und folgte
ihm nach und pries Gott. Und alles Volk, das es sah, lobte Gott.

Blinde Menschen gehörten nicht zur Gesellschaft. Auf Blindheit lastete der Verdacht, sie könnte Strafe für vergangene Sünden sein. Familien und Freunde führten die Blinden an einen Ort draußen, vorzugsweise vor die Stadt. Dort saßen sie tagsüber und verdienten sich mit Betteleien mühsame Groschen. Die Schritte der Frommen führen an diesen Menschen vorbei, im besten Falle klimpert eine Münze. Da spricht der Blinde aus, was Jünger und Gelehrte nicht erkannten, was seine Freunde nicht spürten: Sohn Davids, erbarme dich meiner. Der Blinde sieht Jesus zwar nicht, aber er erkennt ihn und ist all den anderen schon viele Schritte voraus. Denen die meinten zu verstehen, denen die immer in eine andere Richtung schauen an Jesus und dem Blinden vorbei. Und während der Blinde noch schreit, während er die beschauliche Ruhe einer geistlichen Wanderung stört, während er noch einbricht in die gepflegte Kultur des Freundeskreises Jesu, da entsteht zum Staunen der Jünger zwischen Jesus und ihm eine tiefe Nähe. Es ist wie bei Menschen, die sich schon immer kannten. Dort bedarf es nur weniger Worte, damit Grosses geschieht: Sei sehend, dein Glaube hat dir geholfen.

Reisefertig

So folgen wir diesen beiden Geschichten und diesen beiden Schritten. Wir folgen den Wegen

Jesu mit offenen Augen und offenen Herzen und sehen mit ihm in das Unerwartete. Menschen wie der Blinde gehören dazu. Wir sehen Menschen wie Überraschungsgeschenke. Der Kreis der Vertrauten und Freunde wird sich erweitern um das eine oder andere unbekannte und unerwartete Gesicht. Hier ist die Antwort, wenn wir uns fragen, wohin unser Weg gehen kann. Ich schließe nicht aus, dass es uns als ganz normalen Menschen mal geht wie den Jüngern, die den ungehörig laut schreienden Blinden zur Seite schieben wollen. Nicht immer haben wir Lust aufs Neue, besonders wenn das Alte wohlig und vertraut ist. Manchmal wirkt das Neue befremdlich, so wie dieser schreiende und aufdringliche Blinde. Aber – weil er die Wahrheit ausspricht soll er gehört werden. „Du bist der Sohn Gottes, hilf mir, dass ich sehen und verstehen kann." Diese Weggeschichte Jesu bietet sich an als Antwort auf die Frage wohin es geht. Es gibt noch viel zu tun, das Kirchendach soll endlich gedeckt sein, Gottesdienste und Konzerte dieses Jahres in ordentlicher Form geplant werden. Das alles könnte nicht nur eine Zumutung sein. Es gehört auch auf den Weg derjenigen, die mit Jesus gehen. Alle wachsen im Verlauf des Weges. Sie lernen neues kennen. Sie trauen sich Dinge, die sie nicht für möglich gehalten haben. Den Nachfolgern Jesu bleibt manche Steilstrecke nicht erspart, manches Wunder aber auch nicht unmöglich. Solche Erlebnisse wünsche ich uns allen. AMEN

7. 1.Könige 8,22-28 / Himmelfahrt

7.1. Kontextualisierung: Diese letzte Sammlung endet so, wie sie begonnen hat. Mit einer Predigt zu Himmelfahrt. Die Reisen im Flächenland des Glaubens haben den Himmel nicht verloren. Jedoch ändert sich der Umgang mit den alten Wahrheiten des Glaubens. Himmelfahrt ist dann nicht nur eine Bestätigung der Weite des christologischen Dogmas, dass dieser „wahrlich Gottes Sohn war". Himmelfahrt ist dann nicht nur die letzte Klärung der geheimnisvollen Erlöserontologie vom wahren Menschen und wahren Gott. Nach Himmelfahrt und Abschied Jesu bleibt im Flächenland des Glaubens eine schmerzliche Lücke. Doch werden Lücken ja nicht als Defizite verstanden, sondern als geheimnisvolle Karten und Hinweise. Noch bis an das Ende des 16.Jahrhunderts wiesen übrigens Weltkarten große weiße Flecken auf, die man als als terra oder mare incognita bezeichnete. Die relativ präzisen Umrisse dieser Wissenslücken erstaunen heute. Verstehen wir diese unbekannten Karten als Forschungsaufruf. Sie markieren zwar eine Grenze und das Unbekannte, aber auch einen dahinter überschaubaren Raum, den man trotz Unkenntnis ohne Gefahr betreten und Schritt für Schritt erkunden kann. Himmelfahrt ist ein solcher weißer Fleck. Himmelfahrt ist terra incognita, die uns zwar den

Platz auf der Erde und eine Grenze zuweist, aber auch einen Horizont für weitere Reisen eröffnet. Diese beginnen, wo wir die sichere Heimat verlassen haben.

7.2. Predigt: Liebe Gemeinde

Himmelfahrt ist ein geheimnisvolles Fest. Es weist uns wieder einmal daraufhin, dass Gott auf krummen Wegen seine Geschichte schreibt. Einmal ist Himmelfahrt wegen des Abschiedes Jesu eigentlich ein trauriges Fest. Aber es ist auch ein froher Tag, weil Jesus dorthin kommt, wo er hingehört. Einmal hinterlässt dieser Tag Ratlosigkeit bei den Freunden und Freundinnen Jesu, denn ihnen fehlen die alltägliche Nähe Jesu und der schnelle Rat, den man sich bei ihm holen konnte. Aber es ist auch ein Tag, an dem sich vieles klärt. In der Himmelfahrt lüftet sich Jesu Geheimnis: Ja – dieser war wirklich Gottes Sohn. Machen wir uns also auf die Spur der Klärungen. Dafür müssen wir mit dem Predigtwort lange vor Jesus beginnen, fast 1000 Jahre vor ihm im gerade neu gebauten Tempel in Jerusalem.

**22 Und Salomo trat vor den Altar des HERRN angesichts der ganzen Gemeinde Israel und
breitete seine Hände aus gen Himmel 23 und sprach: HERR, Gott Israels, es ist kein Gott
weder droben im Himmel noch unten auf Erden dir gleich, der du hältst den Bund und die
Barmherzigkeit deinen Knechten, die vor dir wandeln von ganzem Herzen; 24 der du
gehalten hast deinem Knecht, meinem Vater David, was du ihm zugesagt hast. Mit deinem
Mund hast du es geredet, und mit deiner Hand hast du es erfüllt, wie es offenbar ist an
diesem Tage. 27 Aber sollte Gott wirklich auf Erden wohnen? Siehe, der Himmel und aller
Himmel Himmel können dich nicht fassen - wie sollte es dann dies Haus tun, das ich
gebaut habe? 28 Wende dich aber zum Gebet deines Knechts und zu seinem Flehen,
HERR, mein Gott, damit du hörst das Flehen und Gebet deines Knechts heute vor dir:**

Gott wohnt im Flächenland

Wie sollte Gott sich herablassen in das Menschliche? Wie sollte Gott, der frei ist wie der Wind, ein Haus beziehen können? Wie sollte Gott, der die Sonne und die Wärme liebt, sich einschließen lassen hinter muffigen Mauern und in eiskalten Kirchen? Die Antwort liegt in den Gebeten der Menschen. Wir haben die Macht. „Wo zwei oder drei in meinem Namen versammelt sind, da bin ich unter ihnen.“ sagt Jesus. Und Gott, der große und ewige Gott wird sich herablassen, damit wir ihm begegnen können. Und das nur deshalb, weil wir nach ihm gerufen haben.

Solche Fragen bewegten vor fast 3000 Jahren den König Salomo. Gerne hätte er den unendlichen und starken Gott am besten gleich neben dem Königspalast zur Untermiete gehabt. Das würde den Staat stark machen. Zur Verlockung hatte er ihm einen Tempel gebaut und erkennt plötzlich, dass dieser angesichts der Herrlichkeiten des Himmels eher eine armselige Hütte ist. Und weil er trotz solcher Torheiten immer noch der weise und kluge König Salomo ist, weiß er auch, dass man Gott nicht locken kann mit solch einer Tempelhütte. Dann müssen es doch die Gebete sein, die brüchigen Worte, die Menschen-Schicksale ohne alle Herrlichkeit, die ihn locken und bei uns verweilen lassen.

Sofort höre ich die Frage: Wenn Gott wirklich auf unsere Gebetsrufe hin kommt, warum bleiben viele Menschen noch ohne Hilfe? So fragen moderne Skeptiker. Aber Salomo weiß schon vor fast 3000 Jahren, was Sache ist: Gott lässt sich durch Gebete der Menschen in den Tempel locken. Man wird in Kriegs- und Notzeiten dorthin gehen und sich seiner Nähe vergewissern. Irgendwie hatten die Menschen damals ein intuitives Wissen um Gott. Sie wussten genau, dass Glaube vor Unglück nicht bewahrt. Aber er bewahrt vor dem Gefühl alleine und hilflos zu sein. Was sie nicht ahnen konnten ist, wie weit Gott in dieser Solidarität noch gehen wird. Denn am Ende des Weges steht das Kreuz. Leid ist kein Beweis der Gottesferne. Es ist der Ort an dem wir Gott begegnen. Jenem Gott der als Vater Christi sehr wohl weiß, was Leiden ist. Das Leiden ist wie ein anderer Tempel Gottes. Dort können wir ihn auch finden können. Aber gerne gehen wir nicht dorthin.

Christus im Himmel

Aber nun ist Christus in den Himmel aufgefahren. Da stellt sich die Frage, wie wir ihn noch bei uns haben können. Die gefühlte Himmelfahrtfrage Nr.1 ist, wo und wie denn Menschen mit Gott in Verbindung treten können, wenn Christus gerade die Erde verlassen hat. Schnell fallen einem Antworten ein: Wir haben Katechismus, Gesangbuch, Bibel, die Tradition, engagierte Christen, wir haben einen großen und lebendigen Kirchentag in Dresden. Dort lässt sich Gott sicher finden. Soviel Bibelarbeit und Gottesdiensten wie auf den Kirchentagen. Es ist unglaublich: 2000 Jahre nach Jesus brennt das Feuer noch! Ist das schon die Antwort auf die Frage nach Gott?

Wo finden wir Gott nach Himmelfahrt? Im Augenblick der Not, im Moment des Abschieds denkt keiner an Kirchentage und schöne Gottesdienste. Himmelfahrt und Abschied: Die Jünger sind ratlos. Leer sind die Herzen, die Hände. Die Lücke hat sich aufgetan. Der all-tägliche Begleiter und Freund ist verschwunden. Die einzige Hoffnung ist, dass wir Gott doch immer wieder locken können mit allen uns zur Verfügung stehenden Mitteln, notfalls auch mit gemalter Kunst und fein gespielter Orgelmusik. Oder wir bitten ihn einfach: **Wende dich aber zum Gebet deines Knechts und zu seinem Flehen, HERR, mein Gott, damit du hörst das Flehen und Gebet deines Knechts heute vor dir: ...**

Antwort auf die gefühlte Himmelfahrtsleere ist die Hoffnung, dass Gott sich immer locken lässt. So kommt Gott für Salomo in den Tempel, weil dort die Betenden sind. Und die Ärmlichkeit und Gebrechlichkeit mancher Beter und Beterinnen lockt ihn mehr, als die Herrlichkeit des Gebäudes. Dies sollten gerade Gemeinden mit schönen Kirchen nicht vergessen. Tatsächlich wird Gott vom Tempel aus noch weiter reisen: Er wird in die Dorfsynagogen gehen und in die späteren Wohnzimmerkirchen der Christen. Nun wohnt er unter uns in aller Art von Gebäuden, sicher auch unter Brücken, sicher auch in den Camps und Zelten der Flüchtlinge. Wir sind sozusagen die Herrlichkeit, die ihn lockt. Der gute Wille Gottes ist der Stein, auf den wir bauen. Am Anfang der Rede von Salomo hören wir, dass wir da nicht auf Sand gebaut haben:

HERR, Gott Israels, es ist kein Gott weder droben im Himmel noch unten auf Erden dir gleich, der du hältst den Bund und die Barmherzigkeit deinen Knechten, die vor dir wandeln von ganzem Herzen; 24 der du gehalten hast deinem Knecht, meinem Vater David, was du ihm zugesagt hast.

Gefüllte Lücke

Die Himmelfahrtsfrage Nr. 2 ist, ob uns das weiterhilft und etwas Lebenssicherheit gibt. Wieweit können wir wirklich auf die Barmherzigkeit Gottes bauen? Salomo weiß noch nichts von Jesus. Er hat keine Ahnung, wieweit Gott noch gehen kann. Aber er trägt bei sich lange Erfahrungen aus der Geschichte Israels. Gott hatte sich ja schon eingelassen auf Menschen, Stämme, Völker und ist mit ihnen durch die Zeit und vor allem durch die Wüste gegangen. Als sie nur ihre Kamel hatten und ein aus groben Leinen gewebtes Zelt, da hat er schon mit seinen Leuten zusammen gewohnt. Er ist ein treuer Gott. Das nicht alleine. Er ist auch ein starker Gott, der die Gefangenen ins Freie führt. So kennt ihn Israel. Das ist der Stein auf den wir bauen. Wir Christen denken sofort an jenes Wort von Christus dem Stein, der nur zuerst verworfen und schließlich zum Eckstein des Glaubens wurde.

Salomo weiß noch nichts von Jesus und doch hat sein Vertrauen zum treuen Gott etwas mit Himmelfahrt zu tun. Himmelfahrt ist selbst die ultimative Antwort auf die Frage, was das Vertrauen des Salomo, das Vertrauen der Verzweifelten Beter und die gesamte Jesusgeschichte wert sind. Himmelfahrt ist Bestätigung. Der Aufstieg Jesu möchte alle Zweifel darüber beseitigen, mit wem wir es die ganze Zeit zu tun hatten. Der „Landeplatz" Jesu im Himmel, wenn man das so sagen möchte, ist der Platz zur Rechten des Vaters. Nun zeigt sich, dass wir es nicht mit einem durchreisenden Propheten zu tun hatten. Auch nicht mit einem Menschen, den Gott für kurze Zeit adoptierte. Und weil jeder Blick in den Thronsaal des Himmels ist wie ein kleiner Blick in das Innere Gottes, deshalb wissen wir, wie nahe Jesus dem Vater wirklich ist, wenn wir ihn da sitzen sehen: Zur Rechten des Vaters.

Der Moment in dem sich die Lücke auftut, ist also immer auch ein Augenblick der Offenbarungen. Die können uns begleiten und helfen und stark machen. Ein Netz aus Wissen und Glauben spannt sich zwischen dem ersten Tempel in Jerusalem und der Himmelfahrt Jesu. Lasst uns seinen Wegen und Fäden folgen. Vielleicht führen am Ende einige Wege in den Himmel. AMEN

Anstelle eines Nachwortes:

Mk 10.17-27 Der reiche Jüngling: Besetzt die Wirklichkeit

Die Wirtschaftsethik ist mein Arbeitsgebiet. Im Herbst 2011 geraten Finanzgeschäfte und Wirtschaftsdeutungen synchron durcheinander. Die Geschichte der Protestbewegungen des Jahres 2011, die auf dem Tahrir Platz in Ägypten begann setzt sich fort in den Zeltstädten vor den großen Börsen. In der hier folgenden Predigt zeichnet sich ab, wie der Reflexionshintergrund der Predigtsammlung auch für die Arbeit in der Wirtschaftsethik fruchtbar gemacht werden kann.

Predigt: Liebe Gemeinde,

eine traumhafte Steilvorlage ist der Predigttext heute. Selten wurde ich in den Jahren meiner Predigttätigkeit zu rechter Zeit mit dem geeigneten Text so gut bedient. Denn ich darf Ihnen heute über die Geschichte vom reichen Jüngling predigen....

17 Und als er sich auf den Weg machte, lief einer herbei, kniete vor ihm nieder und fragte
ihn: Guter Meister, was soll ich tun, damit ich das ewige Leben ererbe? 18 Aber Jesus
sprach zu ihm: Was nennst du mich gut? Niemand ist gut als Gott allein. 19 Du kennst die
Gebote: »Du sollst nicht töten; du sollst nicht ehebrechen; du sollst nicht stehlen; du sollst
nicht falsch Zeugnis reden; du sollst niemanden berauben; ehre Vater und Mutter.« 20 Er
aber sprach zu ihm: Meister, das habe ich alles gehalten von meiner Jugend auf. 21 Und
Jesus sah ihn an und gewann ihn lieb und sprach zu ihm: Eines fehlt dir. Geh hin,

verkaufe alles, was du hast, und gib's den Armen, so wirst du einen Schatz im Himmel haben, und komm und folge mir nach!1 22 Er aber wurde unmutig über das Wort und ging traurig davon; denn er hatte viele Güter. 23 Und Jesus sah um sich und sprach zu seinen Jüngern: Wie schwer werden die Reichen in das Reich Gottes kommen! 24 Die Jünger aber entsetzten sich über seine Worte. Aber Jesus antwortete wiederum und sprach zu ihnen: Liebe Kinder, wie schwer ist's, ins Reich Gottes zu kommen! 25 Es ist leichter, dass ein Kamel durch ein Nadelöhr gehe, als dass ein Reicher ins Reich Gottes komme. 26 Sie entsetzten sich aber noch viel mehr und sprachen untereinander: Wer kann dann selig werden? 27 Jesus aber sah sie an und sprach: Bei den Menschen ist's unmöglich, aber nicht bei Gott; denn alle Dinge sind möglich bei Gott.

Nichts scheint passender in diesen Tagen als jene Worte von den Reichen, die nicht nur den Himmel verpassen, sondern sich nun langsam ins gesellschaftliche Abseits zu stellen beginnen. Gefällig kommt uns die Schelte des Reichtums in jenen Tagen entgegen, da vor den Banken Zeltstädte aufgebaut werden, da sogar wirtschaftsfreundliche Politiker zur Bankerschelte angetreten sind. Aus dem Herz spricht uns Jesus, der uns einmal darüber nachdenken lässt, ob die Schmarotzer der Gesellschaft wirklich im Lager der Hartz IV Empfänger zu finden sind oder möglicherweise ganz woanders. Dabei war man sich doch lange Zeit einig, dass es äußerst problematisch ist, Jesusworte in die Wirtschaftswelt zu übertragen. Das in Israel das war noch ein ehrlicher Kapitalismus. Jedes Geldstück, das über den Tisch des Wechslers oder auch einmal eines Verleihers ging, war ehrlich verdient mit Feldarbeit, Handwerk und Handel.

Bei uns ist das anders: Von 100 Euro, die auf dem Finanzmarkt bewegt werden, ist knapp ein Euro als Wert wirklich vorhanden. 99 Euro dagegen sind spekulative Luftnummern. Jesu Diagnose über solche Phänomene klingt prophetisch: Solche Konstruktionen dienen auf Dauer weder dem Leben, noch der seelischen Gesundheit dienen. Alles kann man kaufen – aber den Himmel nicht. Selten war ein Evangelium so wertvoll wie heute. Aus beruflicher Erfahrung oder vielleicht auch aus Intuition macht es mich allerdings etwas unruhig, wenn das Evangelium plötzlich in der Mitte des gesellschaftlich-politischen Mainstream schwimmt. Sie können sich vielleicht meine Erleichterung vorstellen, als ich entdecke, dass Jesus vor die Front unserer gerechtfertigten Reichtumskritik Jesus selbst ein Störfeuer legt.

„Er sah ihn an und hatte ihn lieb.“ Und weil Jesus ihn lieb hat, wird dieser Reiche den Weg in den Himmel nehmen können. Damit durchbricht Jesus den Lauf der Dinge, durchkreuzt die Zwangsläufigkeiten. Das ist die gute Nachricht, diese Störung eines Gleichgewichts, eines Gibst Du mir, geb ich Dir – das wir uns sogar für unseren Glauben ausgerechnet haben. Die Armen in den Himmel, die Reiche in die Hölle. Jesus stört und ich danke ihm dafür. Wir leiden in diesen Tagen nicht nur an der Vorstellung, dass wir künstliche Gleichgewichte um jeden Preis erhalten müssen. Wir leiden daran, dass alles in Bewegung kommt und wir es nun nicht mehr im Griff haben. Wie Goethes Zauberlehrling kämpfen wir gegen die Flut unübersehbarer Krisenwellen und im übrigen auch gegen diejenigen, die auf diesen Wellen munter zum Erfolg surfen und nur warten, ob nicht die nächste noch größere kommt und sie noch mehr Spaß haben werden.

Doch nun kommt der Meister und nimmt dem unglücklichen Zauberlehrling den Börsenticker aus der Hand. »In die Ecke, Besen! Besen! Seid's gewesen. Denn als Geister Ruft euch nur, zu seinem Zwecke, Erst hervor der alte Meister.« Jesus stellt den Besen ihn in die Ecke und stellt damit die Dinge zurecht. Es geht im Leben nicht darum, wie viel wir haben, sondern wie wir mit Gott sind und mit unseren Mitmenschen. Es geht darum, lassen sie mich das so einfach sagen, ob wir einander lieb haben und ob uns Gott lieb hat. Was hat das aber für Folgen in aufgeregter Zeit?

Auf den ersten Blick sieht das so aus, als dürften wir uns zurückziehen von einer durchmischten Agitationsfront an der Maskenträger, engagierte Reichtumskritiker, Philosophen und Kirchenleute miteinander stehen. Vielleicht reicht es ja, wenn wir kompetent für das Seelenheil und vielleicht noch die letzten Dinge sind. Wenn wir die Sonntagskunst des reinen Glaubens und der seelsorgerlichen Zuwendung pflegen!

Doch dann stellt sich die Frage mit welchem Recht wir diesen doch bequemen Weg wählen. Werden wir wie noch die Generation vor uns in anderer Sache sagen können, wir hätten nichts gewusst. Nichts gewusst von den Opfern des Wirtschaftssystems, nichts gewusst von Tierfabriken in denen Küken geschreddert werden. Nichts gewusst vom langsamen Umwelttod, nichts gewusst von Ausbeutung in den Kleiderwerkstätten des Ostens, nichts gewusst von Spekulationen mit Nahrungsmitteln oder wie die Anstösse auch heißen mögen. Werden wir wirklich einmal unseren Kindern und Enkeln sagen können, dass wir nichts gewusst hätten von Ressourcenknappheit und Ozonlöchern?

Wir werden uns nicht verabschieden können, weil es gerade mal chaotisch wird. Wir werden auch nicht sagen dürfen, dass uns die neue demokratische oder Protestbewegung zu chaotisch ist, nicht zu unserem ausgewogenen Stil passt. In der Nachfolge Christi ist es unsere Aufgabe, ich sage sogar Pflicht, die Menschen anzusehen, sie lieb zu haben, verstehen zu lernen. Was treibt den Müllmann aus Athen auf die Strasse, was treibt die Leute in die Zelte vor der Europäischen Bank, was wollen Studenten in Spanien und anderswo? Hinstellen müssten wir uns wie Jesus und sie ansehen und sie lieb haben. Dann bleiben wir nicht unbewegt? Die

Neutralität, die wir uns gerne leisten würden, weil uns das Ganze unlustig macht und zu chaotisch ist, die ist unbezahlbarer Luxus und ich bin froh, dass uns Jesus nicht zu ihr verpflichtet.

Wie kommt der Reiche dennoch in den Himmel? Nicht, weil wir eine Gnaden- und Konsenskultur ausgerufen hätten, die alle Konflikte einebnet. Auch Jesus erspart dem Reichen die Zumutung nicht. Verschenke alles, was Du hast. Aber als der Konflikt schließlich dasteht und ausgerufen ist, als sich der Bruch und der Riss auftun, da ruft Jesus nicht etwa in die Partei derer, die schon immer Recht hatten. Eher sieht es so aus, als würde er in völlig unsystematischer Weise die Fronten kreuzen. Der Reiche wird durch einen exklusiven Gnaden-Eilerlass Gottes aus der Hölle geholt und zwar an all den Rechtschaffen vorbei. Wie mein amerikanischer Freund so schön sagte: Es wird am Tag des jüngsten Gerichtes manche böse Überraschung geben und – stellen Sie sich mein Gesicht vor, wenn Joseph Akkermann vor mir über die Schwelle der Himmelspforte treten darf.

Und dennoch ist es kein Akt der Willkür, den ich da erlebe. Lediglich am eigenen Leib würde ich erleben, dass Gott mit einer weißen gehissten Flagge der Gottesliebe zwischen den Fronten unterwegs ist und sie durchkreuzt, als ob sie nicht wären. Dass er neue Wege der Menschen zueinander baut. Quer zu den Dingen, mit neuen Perspektiven gibt es zu den Finanzmarktkonflikten mehr zu sagen, als dass es um Geld, Macht und soziale Gerechtigkeit geht.

Und noch einmal will ich deutlich sagen, dass es nicht um Neutralität geht. Mit Bonhoeffer bin ich überzeugt, dass der Zug gerade in die falsche Richtung fährt. Es reicht nicht auf dem Gang in die andere Richtung zu laufen oder eine Arbeitsgruppe in einem der Abteile einzuberufen. Dankbar bin ich, dass die Kirche öffentlich und in Einheit ein Signal gezogen hat, als sie sich für die Finanztransaktionssteuer aussprach. Wir müssen es uns trauen, immer wieder Beteiligung statt Frust und Rückzug. Es sind die Zeiten dafür. Leben wir also quer, suchen wir den Weg in den Himmel, der nicht durch ein zu enges Nadelör verstellt ist, holt nicht auch Gott den Reichen an allen Instanzen vorbei so in den Himmel?

Mit einer kleinen Praxis möchte ich schließen. Bereits im 19Jhdt. entwickelte sich unter Börsianern die Tugend des Abstandnehmens und der beobachtenden Ruhe. Man zog sich heraus aus dem hektischen Fluss der Ereignisse. Wer das schaffte, galt als gereift und als souverän auf den sich gerade entwickelnden Börsenmärkten. Und dann handelte man ruhig und bedacht. Ein Beispiel? Vielleicht. Mir auf jeden Fall ist an der Geschichte aufgefallen: Jesus tritt vom Weg zur Seite, weil plötzlich einer ihm kniet. Er lässt sich unterbrechen und in eine Begegnung verwickeln. Er geht einen Schritt zur Seite Und schließlich sieht er ihn an und er hat ihn lieb.

Das ist der Durchbruch auf den ich immer wieder hoffe, zu dem auch ich gerne fähig wäre, gerade dort wo ich mit der unsäglichen Krise, den schwierigen Reichen und den notleidenden Schwachen zu tun habe. Dann wüsste ich mich mit Gott im Reinen für einen Moment, wo ich hinsehe und sie alle – ganz egal ob arm oder reich - ganz einfach lieb habe. AMEN

Referenzen

Printed by Books on Demand GmbH, Norderstedt / Germany